pfeiffer

Zu diesem Buch

Frühgestörte PatientInnen forden ihre TherapeutInnen meist in spezifischer Weise heraus. Ihre Psychopathologie zeigt Züge von dramatischer Selbstbezogenheit. Beziehungen unterhalten sie, um ihr psychisches Überleben zu sichern. In der Übertragungsbeziehung fordern sie alles vom Therapeuten, die Beziehung ist die Therapie.
Um herauszufinden, was in der Therapie frühgestörter PatientInnen wirklich wirkt, hat die Autorin ausführliche Interviews mit zehn PatientInnen geführt, die sich in Langzeitanalysen bei anderen TherapeutInnen befanden. Übereinstimmendes Resultat dieser Gespräche war, dass die wichtigsten therapeutischen Komponenten in Blick, Stimme und Hautkontakt gesehen wurden – ein Ergebnis, das die analytische Therapie mit narzisstischen PatientInnen neu auf den Prüfstand stellen sollte. Eine Zusammenstellung der Wirkfaktoren aus dem eindrucksvollen Material der Patienten-Interviews liefert zahlreiche Anregungen zur Umsetzung in die Therapie mit Frühgestörten.

Martina Kaminski, Diplom-Psychologin, arbeitet in eigener Praxis in München. Arbeitsschwerpunkte: Frühe Störungen, Kinderpsychotherapie.

Martina Kaminski

Hunger nach Beziehung

Wirkfaktoren in der Psychoanalyse Frühgestörter

J. Pfeiffer Verlag · München

Die Deutsche Bibliothek – CIP-Einheitsaufnahme

Kaminski, Martina:

Hunger nach Beziehung : Wirkfaktoren in der Psychoanalyse Frühgestörter / Martina Kaminski. – München : Pfeiffer, 1998
(Reihe leben lernen ; 126)
ISBN 3-7904-0664-3

Reihe: Leben lernen 126

Fachberatung: Monika Amler, München

Lektorat: Christine Treml, München
Umschlaggestaltung: Michael Berwanger, München
Titelbild: Pablo Picasso, Mutterschaft, 1921

Gesamtherstellung: Verlag und Druckerei G. J. Manz AG, München/Dillingen
Printed in Germany
ISBN 3-7904-0664-3

Inhalt

Keine Katze mit sieben Leben,
keine Eidechse und kein Seestern,
denen das verlorene Glied nachwächst,
kein zerschnittener Wurm ist so zäh wie der Mensch,
den man in die Sonne von Liebe und Hoffnung legt.

Mit den Brandmalen auf seinem Körper
und den Narben der Wunden verblasst ihm die Angst.
Sein entlaubter Freudenbaum treibt neue Knospen,
selbst die Rinde des Vertrauens wächst langsam nach.

Hilde Domin

Vorwort

Wenn ein klinischer Psychologe eine Arbeit zu einem psychoanalytischen Thema verfasst, enthüllt er damit auch immer einen Teil seiner selbst, seiner therapeutischen Arbeit und seiner Arbeitsweise.
Bevor ich mich zu der vorliegenden Arbeit entschloss, habe ich lange die Vor- und Nachteile abgewogen. Wie viel einfacher würde es sein, sich und seine eigenen Gefühle und Ansichten hinter einer Literaturarbeit zu verstecken. Basis dieses Buches aber sind ausführliche Gespräche mit zehn langjährigen Psychotherapie-Patienten. Was würde passieren, wenn meine Interviewpartner sich von mir nicht verstanden fühlen oder in den Interviews Wünsche und Hoffnungen geweckt werden, die ich dann nicht erfüllen kann?
Dieses waren nicht einfach zehn Interviews, die ich durchgeführt habe, um genügend Material für mein Buch zu sammeln. Im Laufe vieler Sitzungen sind zwischen mir und meinen Interviewpartnern Beziehungen entstanden. Es war häufig nicht leicht, allen diesen Menschen neben meiner psychotherapeutischen Tätigkeit gerecht zu werden.
Nach reiflichen Überlegungen habe ich mich dann doch entschlossen, trotz aller Widerstände, diese Arbeit zu schreiben. Mehr denn je bin ich der Auffassung, dass sich jeder psychotherapeutisch Tätige neben seiner akademischen Ausbildung seine ganz spezifische, seinem Charakter entsprechende Arbeits- und Ausdrucksweise erkämpfen muss. Gleich einem Künstler, der erst erproben muss, welches Material seine spezielle Begabung am besten re-

präsentiert, sollte bei einem Therapeuten seine Technik Ausdruck seiner persönlichen Lebensgeschichte sein. Seine eigene Pathologie, die Möglichkeiten, die er gefunden hat, um seine Probleme und Schwierigkeiten zu bewältigen, sollten sich organisch einfügen zu einem harmonischen Ganzen. So sollte die therapeutische Arbeit immer Ausdruck einer sich ständig weiterentwickelnden Persönlichkeit sein. In diesem Sinne möchte ich die vorliegende Arbeit verstanden wissen. Sie ist weit davon entfernt, allgemein gültige Aussagen über therapeutische Techniken treffen zu wollen oder bestehende in Frage zu stellen.
Viel mehr geht es mir um die Frage, die mich neben allen anderen im psychoanalytischen Kontext in den letzten Jahren am meisten beschäftigt hat: Deutung und Beziehung, Ambiguität ohne Ende? Dieser Frage will ich in der vorliegenden Arbeit nachgehen.

Einleitung

Frühstörung und Neurose

In der vorliegenden Arbeit habe ich den Versuch unternommen, *die* Faktoren herauszuarbeiten, die geeignet sind, eine entscheidende Wendung im Leben von Frühgestörten herbeizuführen. Was ist das Spezifische an narzisstischen Patienten, was unterscheidet sie von Neurotikern? Welche Eigenschaften oder Vorgehensweisen der Analytiker nehmen im Vergleich zu den neurotischen Patienten einen entscheidenden Raum im Fortgang des analytischen Geschehens ein?
Laplanche/Pontalis definieren den Narzissmus als:

> »... die Liebe, die man dem Bild von sich selbst entgegenbringt.«,

und die Neurose als

> »Psychogene Affektion, deren Symptome symbolischer Ausdruck eines psychischen Konflikts sind, der seine Wurzeln in der Kindheitsgeschichte des Subjekts hat; die Symptome sind Kompromissbildungen zwischen dem Wunsch und der Abwehr.«

In diesen Definitionen sind die Unterschiede im Keim bereits enthalten: Die Neurose wird bestimmt durch die zentrale Stellung des Ödipuskomplexes, also der Triangulierung. Der Narzissmus hingegen durch die Dyade; die frühe Beziehung zur Mutter wird zur conditio sine qua non.
Genital- und objektbezogen auf der einen, prägenital und

narzisstisch auf der anderen Seite. Unterscheiden lassen sich die Krankheitsbilder auch durch die Formen der Abwehr: Introjektion, Spaltungsvorgänge und Identifikation bei den Narzissten, Intellektualisierung, Rationalisierung und Verschiebung bei den Neurotikern.

Der psychische Schmerz der Narzissten scheint subtiler, ihre Abwehr archaischer. Ihre Beziehungen zu anderen Menschen zeigen Spuren von Besessenheit. Etwas Geheimnisvolles scheint sie zu umgeben. Beziehungen unterhalten sie nicht zu ihrem Vergnügen, wie die Neurotiker, sondern, um ihr psychisches Überleben zu sichern. Ihre Psychopathologie trägt Züge von dramatischer Selbstbezogenheit. Die Welt der Frühgestörten ist eine archaische Welt, die von ihren eigenen Gesetzmäßigkeiten bestimmt wird: Es geht um Bindung und Trennung, Verlassen und Verlassenwerden. Ihre Beziehungen imponieren durch ihre ungeheure Intensität, wie ein Moloch können sie andere in sich aufsaugen.

Die Analyse mit den Neurotikern ist therapeutischer Alltag, die Übertragungsbeziehung zu den Narzissten ist anstrengender, fordert alles und die Beziehung *ist* die Therapie. (Vgl. auch Balint: »Beziehung als Therapie, Therapie als Beziehung«.)

Die Neurotiker behalten in der Analyse stets ihre Autonomie, die Narzissten geraten in eine ganz frühe Abhängigkeit, der Narzissmus, den das Ich-Ideal nicht dem eigenen Ich zuordnen kann, wird in der Idealisierung auf den Analytiker projiziert.

Auch die Übertragung der Neurotiker hat eine Triebkomponente, jedoch ist die narzisstische Übertragung bei weitem stärker und ausdauernder. Die Sucht nach großen Gefühlen der Frühgestörten wird in der Analyse evident, die narzisstische Aufwertung, die sie durch die analytische Beziehung erfahren, ist immens.

Beide Patientengruppen neigen zur Idealisierung in der Übertragung, die Narzissten jedoch in weit größerem Ausmaß. Wenn die Idealisierung im Schwinden begriffen ist, verliert sie ihren Wert als therapeutisches Agens. In dieser Hinsicht wird es dem Analytiker leichter gemacht, den narzisstischen Patienten an sich zu binden, ein tragfähiges Arbeitsbündnis zu schaffen.

In diesem Buch versuche ich, der Welt frühgestörter Patienten näher zu kommen. Im Zentrum steht die Frage: Wie sollte die therapeutische Beziehung beschaffen sein, dass frühgestörte Menschen Nutzen aus der Therapie ziehen können? Wer könnte darüber besser Auskunft geben als die Betroffenen selbst? Zehn ausführliche Interviews mit Psychotherapie-Patienten/Patientinnen bilden die Basis meiner Überlegung.

Zunächst galt es, geeignete frühgestörte Patienten zu finden, die bereit und fähig waren, ihr Innenleben sehr differenziert zu beobachten und dann noch einer ihnen unbekannten Therapeutin darüber zu berichten. Eine weitere Bedingung bestand darin, dass die Patienten von der Anamnese bis zur zweiten Nachuntersuchung, also volle vier Jahre, mit mir Kontakt halten mussten. Die dritte notwendige Bedingung, vielleicht die schwierigste der drei, betraf die behandelnden Analytiker: Sie mussten die Bereitschaft zeigen, Auskunft über die exakten Diagnosen der narzisstischen Patienten zu geben. Die Interviewpartner habe ich sehr sorgfältig ausgewählt, indem ich sämtliche Psychoanalytiker und sämtliche Analysanden, die ich kenne, auf die drei genannten Kriterien geprüft habe.

Die von mir getroffene Auswahl ist sehr selektiv, weil zum großen Teil Künstler, Intellektuelle und Literaten die o. g. Kriterien zu erfüllen schienen. Dieses Faktum prägt entscheidend den Stil der vorliegenden Arbeit und macht darüber hinaus ihren besonderen Reiz aus. Die Arbeit gewährt jedoch einen hoch interessanten und in sich geschlossenen Einblick in das bewusste und unbewusste Erleben von zehn hypersensiblen Persönlichkeiten. Es handelt sich bei den interviewten Patienten ausnahmslos um Langzeitanalysen von fünf (Axel) bis zwölf Jahren (Helga). Die vorliegende Untersuchung zeigt eindeutig, dass es sich bei allen zehn Interviewpartnern um außerordentlich lange Analysen handelt, darüber hinaus ist zu berücksichtigen, dass der überwiegende Teil der Analysen bei der zweiten Nachuntersuchung noch nicht abgeschlossen war. Meine These über die Dauer von Frühgestörten-Analysen fand ich im vollen Umfang bestätigt. Regelmäßig geschieht es in der Kur dieser Patienten, dass die Oberfläche des Lebens reißt und darunter das Eigentliche, der Ton des Lebens, hervorquillt.

Doch zurück zu meinem Versuchsaufbau. Als die zehn Patienten für die Interviews feststanden, begann ich den Fragenkatalog zu entwerfen, der mir bei den Interviews als Richtlinie dienen sollte. Im Mittelpunkt stand die Frage nach der Übertragung und Gegenübertragung.

Die Leitfragen

1. *Haben Sie den Analytiker als Partner bei der gemeinsamen therapeutischen Aufgabe erlebt?*
2. *Hatten Sie auch in Krisen das Gefühl, von Ihrem Analytiker verstanden zu werden?*
3. *Haben Sie während der Analyse zeitweilig intensive Gefühle der Zuneigung oder Abneigung gegenüber Ihrem Analytiker verspürt?*
4. *Hatten Sie manchmal das Gefühl, dass Sie Wünsche hatten, die Sie als Kind Ihren Eltern gegenüber hatten?*
5. *Wann, glauben Sie, hat Ihnen Ihr Analytiker am meisten geholfen?*
6. *Hat sich Ihre Beziehung zum Analytiker im Laufe der Therapie gewandelt?*
7. *Hat sich an Ihren körperlichen oder psychischen Beschwerden etwas verändert?*
8. *Haben Sie sich in manchen Situationen ganz besonders von Ihrem Analytiker verstanden gefühlt und können Sie dafür ein Beispiel geben?*
9. *Gab es Situationen, in denen Sie sich sehr unverstanden gefühlt haben, und würden Sie dafür ein Beispiel geben?*
10. *Hat Ihr Analytiker jemals über sich selbst gesprochen, seine Gefühle zu Ihnen, seine Familie oder seine Lebensgeschichte?*

Die Beziehungserfahrung und -gestaltung prägt ganz entscheidend das Klima der Analyse von Narzissten und erhält deshalb *die* zentrale Stellung in meiner Erforschung der Wirkfaktoren in der Psychotherapie. Bei dem Entwurf des Fragenkataloges lenkte ich mein Augenmerk darauf, dass die Fragen die beiden häufigsten narzisstischen Übertragungen besonders berücksichtigen: die Zwillingsübertragung und die idealisierende Übertragung. Daraus folgt ein hoher Grad der Trennschärfe zwischen den Narzissten und den Neurotikern.
Die Häufigkeit der Treffen mit den Interviewpartnern variierte stark. Am häufigsten habe ich Mara befragt (29 Stunden), am seltensten Willi (3 Stunden). Die Interviews habe ich mitgeschnitten und dann per EDV erfasst. Im Anschluss daran kürzte ich die Aussagen und ließ nur die bestehen, die sich *ausdrücklich* mit den gestellten Fragen befassten. Dann wurde das gesamte Material auf Wunsch der Patienten gelöscht. Es würde den Rahmen der vorliegenden Arbeit sprengen, die Interviews in gesamter Länge zur Verfügung zu stellen. Daher habe ich mich zu dieser drastischen Kürzung entschlossen. Die gesamte Dauer der Interviews umfasste 310 Stunden Dialogs. Jedes einzelne Interview wurde von den Patienten gegengelesen und ausdrücklich zur Veröffentlichung freigegeben. Auch die behandelnden Analytiker erhielten je ein Exemplar.

Die befragten Patienten/Patientinnen

Name	Geschl./ Alter	Diagnose
Axel	m / 36	Narzisstische Neurose mit Elementen der Aggressionsunterdrückung und daraus resultierender zeitweiliger Depression
Dagmar	w / 34	Reaktive Depression bei narzisstischer Charakterstörung
Helga	w / 50	Frühstörung
Mara	w / 34	Depressives Syndrom bei narzisstischer Persönlichkeitsstörung
Willi	m / 33	Narzisstische Charakterstörung mit suizidaler Problematik
Ina	w / 34	Neurotischer Konflikt mit narzisstischer Abwehrstruktur
Heide	w / 39	Depressives Syndrom bei narzisstischer Persönlichkeitsstörung
Rita	w / 42	Depressiv-narzisstische Charakterneurose
Gabi	w / 26	Frühstörung
Mischa	m / 49	Hysterisch überlagerte Depression bei narzisstischer Charakterstörung

Diese Interviews waren nicht einfach Befragungen, es waren Begegnungen. Die Interviewzeit, die ich auf 50 Minuten. konzipiert hatte, habe ich in keinem einzigen Fall eingehalten. Manche Treffen dauerten zwei oder drei Stunden, wir legten Pausen ein und sahen uns am nächsten Tag wieder. Ich ließ sie erzählen, bis ihr Redestrom von allein versiegte.

Die behandelnden Analytiker/Analytikerinnen setzen sich zu gleichen Teilen aus Ärzten und Diplom-Psychologen zusammen. Bei allen liegt eine langjährige Berufserfahrung vor, mit Ausnahme der Analytikerin von Gabi. Ungefähr die Hälfte der Therapeuten/Therapeutinnen sind für ihre Institute als Lehranalytiker/Lehranalytikerinnen oder Dozenten/Dozentinnen tätig. Bei den Patienten/Patientinnen handelt es sich ausnahmslos um Heilanalysen. Ausbildungskandidaten als Interviewpartner oder noch in Ausbildung stehende Analytiker wurden nicht berücksichtigt. Die behandelnden Analytiker waren mir *sämtlich* durch Seminare oder Vorträge bekannt. Doch nun zurück zu den einzelnen Fragenkomplexen: Der Fragenkatalog besteht aus zehn aufeinander aufbauenden Fragen, die sich aus mehreren Themenbereichen zusammensetzen. Ich möchte noch einmal betonen, dass das Ziel darin besteht, die Wirkfaktoren bei Frühgestörten herauszuarbeiten, ich benötige demzufolge eine möglichst hohe Trennschärfe zwischen den Narzissten und den Neurotikern.

Die beiden ersten Fragen betreffen die positive Beziehungserfahrung, d. h., inwieweit es den Patienten gelungen ist, eine idealisierende Übertragung aufzubauen. Die Fragen drei bis fünf betreffen die regressive Beziehungserfahrung, d. h. ob sich eine benigne Regression in der Dyade eingestellt hat, die die Voraussetzung für das weitere Procedere darstellt. Die Fragen sechs und sieben befassen sich mit Veränderungen der Übertragungsbezie-

hung im Verhältnis zu den geschilderten psychischen und physischen Symptomen. Die Fragen acht und neun behandeln die Möglichkeit einer ganz neuen Beziehungserfahrung, die auch korrektive emotionale Erfahrung genannt wird. Balint beschreibt dieses Phänomen als Neubeginn und Etchegoyen nennt es Neukonzipierung. Die zehnte und letzte Frage betrifft das Maß der Selbstöffnung des Therapeuten bzw. den Grad seiner Abstinenz.
In den Interviews wird deutlich, dass die Patienten/Patientinnen die Beziehung zu mir ganz ähnlich gestalten wie die zum Analytiker, d. h. sie stellen besonders die nonverbalen Strukturen in der Zweierbeziehung in den Vordergrund. Dieses Phänomen widerspricht in eklatanter Art und Weise der klassischen psychoanalytischen Auffassung der Deutung als vorrangigem kurativen Faktor. Die Patienten gestalten die Dyade mit mir auf der Grundlage einer konkordanten Übertragung in einer narzisstischen Beziehung, analog der Dyade mit dem Analytiker. Die pathologischen Anteile werden in gleicher Weise in die Beziehung implantiert, was sich häufig als besonderes Problem in den Interviews darstellte.
An dieser Stelle sei mir ein kleiner Exkurs gestattet, die relativ geringe Anzahl psychoanalytischer Arbeiten betreffend, die sich mit den therapeutischen Wirkfaktoren befassen: M. E. ist es längst überfällig, sich mit der therapeutischen Wirkung in der Analyse Frühgestörter eingehender auseinanderzusetzen. Die Theorie der Wirkfaktoren führt ein Schattendasein innerhalb der Psychotherapieforschung und scheint bei analytischen Kollegen besonders unbeliebt zu sein. Etwas ketzerisch möchte ich bemerken, dass manchem dann auffallen würde, dass der Königsweg der Deutungen gar nicht so golden ist, wie er zu sein scheint, dass die nonverbalen Faktoren einen viel breiteren Raum einnehmen, als wir es uns vorstellen.

Wir sind gezwungen umzudenken und können nach den umwälzenden Erkenntnissen von Balint, Winnicott und Kohut nicht weitermachen wie bisher. Worin besteht das eigentlich Heilende?

Die Interviews

Dagmar

Hatten Sie auch in Krisen das Gefühl, von Ihrem Analytiker verstanden zu werden?

Ja, als ich mich umbringen wollte, hab ich ihn zu Hause angerufen. Er hat mir am Sonntagnachmittag in der Praxis eine Stunde gegeben und hat sich um mich gekümmert. Er hat mir nicht das Gefühl gegeben, dass ich unzurechnungsfähig bin. Er war da und hat versucht, meine Lebensgeister zu wecken. Später hab ich mich dann freiwillig ins MPI *(Max-Planck-Institut für Psychiatrie, MK)* einweisen lassen.

Haben Sie während der Analyse zeitweilig intensive Gefühle der Zuneigung oder Abneigung gegenüber Ihrem Analytiker verspürt?

In den ersten Monaten habe ich nur Fremdheit gespürt, große Fremdheit. Dann ist von mir das erste Mal ein Kontaktgefühl dagewesen, so mehr intensivere Gefühle. Es gab eine Steigerung meines Bedürfnisses, ihn zu sehen. Ich hatte nie ein Gefühl der Abneigung gegen ihn. Einmal musste er kurz rausgehen und als er ging sagte er:

> »Ich verlasse Sie jetzt nicht, ich komme gleich wieder.«

Das war wie Buttercremetorte, das war wunderschön, das war wie Nahrung pur. Das war ein Gefühl von Wohligkeit, das waren alles Kleinigkeiten, aber die waren es, die haben bei mir gewirkt. Die Kleinigkeiten waren das Wesentliche.

Hatten Sie manchmal das Gefühl, dass Sie Wünsche hatten, die Sie als Kind Ihren Eltern gegenüber hatten?

Ja, er ist für mich wie mein Vater, ich hatte den Wunsch, mit ihm emotional vertraut zu werden, ich hatte den Wunsch nach emotionaler Zuverlässigkeit. Den hat er mir erfüllt. Er hat mir das Gefühl gegeben, dass er sich für mich interessiert, dass er sich für meine Sache interessiert. Er war emotional präsent, er hat mich ernst genommen. Er war behutsam. Die Worte waren nicht das Entscheidende, sondern die Feinheiten, z. B. seine Kopfhaltung, Augen groß, Nuancen im Blickkontakt. Er benennt Eigenschaften von mir, dabei werden seine Augen groß. Es ist die Kombination aus der Art des Blickes und er muss währenddessen eine Eigenschaft von mir benennen. Das gibt mir die Möglichkeit, zu ihm echten emotionalen Kontakt aufzunehmen. Das Wichtigste waren sein Gesicht und der Augenausdruck. Es fand nie eine Berührung statt, das habe ich auch nicht gesucht. Ich wollte seine Seele spüren, ich glaube, das waren sehr viele Kinderwünsche.

Wann, glauben Sie, hat Ihnen Ihr Analytiker am meisten geholfen?

Besonders viel zugehört hat er nicht. Er hat regelmäßig von sich erzählt und auch von Sachen gesprochen, die nichts mit der Therapie zu tun haben. Das fand ich immer sehr entspannend und auflockernd. Er hat aber trotzdem ganz klare Grenzen gesetzt, es war alles irgendwie sehr klar. Emotional war er eher distanziert. Ich hatte das Gefühl, dass er immer den intellektuellen Überblick behält, auch wenn die Wogen hoch schlugen. Das fand ich sehr gut, dass er die Kontrolle über alles hatte, dann brauchte ich das nicht mehr zu tun.

Hat sich Ihre Beziehung zum Analytiker im Laufe der Therapie gewandelt?

Die Beziehung ist im Laufe der Zeit immer intimer geworden, er hat immer mehr von mir erfahren. Ich hab nach einer gewissen Zeit angefangen, ihm zu vertrauen. Es war irgendwie selbstverständlich, dass er mich in allem begleitet. Er hat mich nie verletzt, er war auch immer sehr fürsorglich. Es war immer so eine Vater-Tochter-Beziehung. Das hat es mir sehr erleichtert, mich ihm gegenüber zu öffnen. Es war so ein tiefes Gefühl für ihn da, aber nicht so wie eine Verliebtheit, sondern irgendwie so darunter, irgendwie noch tiefer und mehr an meiner Mutter dran.

Gab es Situationen, in denen Sie sich sehr unverstanden gefühlt haben, und würden Sie dafür ein Beispiel geben?

Ich habe mich grundsätzlich da nicht verstanden gefühlt, wo ich eine Frau gebraucht hätte. Also, das war einfach die Tatsache, dass er nicht mein Geschlecht hatte, dass er keine Frau war. Das hat sich durch die ganze Therapie durchgezogen. Dass wir unterschiedliche Geschlechter hatten, fand ich so schwerwiegend, dass selbst seine weiche und fürsorgliche Art das nicht aufwiegen konnte.

Hat Ihr Analytiker jemals über sich selbst gesprochen, seine Gefühle zu Ihnen, seine Familie oder seine Lebensgeschichte?

Über seine Gefühle hat er leider nie irgendwas gesagt. Ich weiß nicht, ob er irgendwelche negativen oder positiven Gefühle mir gegenüber gehabt hat. Er hat mir nie vermittelt, ob er mich mag oder nicht. Über sich selbst hat er sehr wenig gesprochen, nur manchmal über seine berufliche Situation, dass er in einer Eheberatungsstelle tätig ist oder so. Ich weiß wenig über seine Lebensgeschichte oder seine Familie. Das Einzige, was ich darüber weiß, ist, dass er eine Tochter hat. Aber er hat mir z. B. erzählt, dass er an einem Buch schreibt.

Gabi

Hatten Sie auch in Krisen das Gefühl, von Ihrem Analytiker verstanden zu werden?

Ja, schon, ich hab sie z. B., wenn es mir schlecht ging, zu Hause angerufen, und sie hat mir einen extra Termin gemacht. Sie fragte dann immer:

»Wollen Sie eine zusätzliche Stunde haben?«

oder, wenn sie keinen Termin mehr frei hatte, sagte sie so ein paar haltgebende Sätze. Die haben mir ihr Mitgefühl vermittelt, und ich hab mich auch verstanden gefühlt. Im Laufe der Zeit hat sie das dann mehr und mehr eingeschränkt. So nach dem Motto: Jetzt sind Sie doch erwachsen, also so ein künstliches Klarmachen, dass man jetzt kein Kind mehr zu sein hat.

Haben Sie während der Analyse zeitweilig intensive Gefühle der Zuneigung oder Abneigung gegenüber Ihrem Analytiker verspürt?

Ja, ich mochte sie schon. Eigentlich von Anfang an. Ich hatte ziemlich schnell den Eindruck, das ist die Richtige. Wir hatten drei Vorgespräche, und danach haben wir uns füreinander entschieden. Ich hätte mir auch noch mehr Analytiker angesehen, wenn ich nicht ein gutes Gefühl bei ihr gehabt hätte.

Hatten Sie manchmal das Gefühl, dass Sie Wünsche hatten, die Sie als Kind Ihren Eltern gegenüber hatten?

Also, also eines wollte ich immer, das war so ein längerer Händedruck am Anfang. Einmal gab's das auch am Ende einer Stunde mit einem schlimmen Thema. Das fand ich sehr schön. Und einmal hat sie mit ihrer Hand meine Schulter berührt, das habe ich als sehr stützend empfunden. Einmal hat sie mich versehentlich geduzt:

»So ist das also bei euch gewesen!«

Da hatte ich den Eindruck, dass wir sehr verbunden sind. Ich hatte aber immer Angst, dass mir das bei ihr auch mal passiert.

Wann, glauben Sie, hat Ihnen Ihr Analytiker am meisten geholfen?

Sehr gut getan hat mir immer, wenn ich stimmlich erkennen konnte, dass sie von meiner Schilderung betroffen war, dass ich sie erreiche. Nach eineinhalb Jahren hab ich angefangen, schlimme Erlebnisse zu erinnern und auch zu erzählen. Ein Thema habe ich so ziemlich immer ausgeklammert. Darüber will ich aber auch jetzt nicht reden. Also, ich hab bei ihrer Stimme immer sehr darauf geachtet, ob ein aggressiver Unterton vorhanden war, und es hat mich sehr geängstigt, wenn das so war. Ich hab lange gebraucht, bis ich den Punkt angesprochen habe. Dann hat sie gesagt:

»Das ist nur Ihre Wahrnehmung.« (! MK)

Hat sich Ihre Beziehung zum Analytiker im Laufe der Therapie gewandelt?

Ja, im Laufe der Analyse fand ich es immer fragwürdiger, was wir da tun. Dass sich etwas ändern sollte, wenn man ein Gefühl einfach nur äußert. Besonders bei meiner Wut kam mir das sehr suspekt vor. Nachdem ich die Analyse abgebrochen hatte, habe ich dann auch mit einer Körpertherapie angefangen, mit KBT *(Konzentrative Bewe-*

gungstherapie, MK). In der KBT wird auch körperlich mit der Wut gearbeitet. Nach der Körperarbeit wird dann immer alles besprochen, auch Träume werden mit einbezogen. Ich denke, es gibt nicht nur so ein »emotionales« Erinnern, sondern auch ein körperliches Erinnern. In der Körperarbeit kommst du auf Sachen, die die Analyse immer ausklammert. Die KBT bringt noch mal ganz andere Aspekte. Jetzt kommt das Körperliche zum Ausdruck, die körperlichen Verletzungen, die der Analytiker nicht heilen konnte.

Hat sich an Ihren körperlichen oder psychischen Beschwerden etwas verändert?

Also, auf der körperlichen Ebene, da haben sich meine Schwindelanfälle reduziert. Früher hatte ich immer das Gefühl, den Boden nicht mehr zu spüren. Als wenn ich so einen halben Meter über dem Boden schwebe, und der fällt unter mir ab. Das ist weggegangen. Psychisch war es so, dass ich während der ganzen Analysenzeit so ein gesteigertes Selbstwertgefühl hatte. Nach dem abrupten Ende der Analyse war das schlagartig vorbei.

Gab es Situationen, in denen Sie sich sehr unverstanden gefühlt haben, und würden Sie dafür ein Beispiel geben?

Ja, also erst mal die finanzielle Situation. Als die Kassenstunden vorbei waren, nach 240 Stunden, meinte meine Analytikerin, ich sollte jetzt selber zahlen. Ich hab mich dann bei ihrem Ausbildungsinstitut erkundigt und gefragt, ob es nicht noch andere Möglichkeiten gibt. Die haben mir dann geraten, ihr vorzuschlagen, den Obergutachter einzuschalten. *(! MK)*

Darauf hat sie gesagt, sie will das mit ihrem Supervisor besprechen. *(Analytikerin war noch Ausbildungskandidatin, ! MK)* Also, die Sache mit dem Obergutachter ist dann auch gescheitert, sie sagte, sie hat das noch nie gemacht, und sie will das auch nicht machen.
(! MK)
Wir haben dann vereinbart, dass ich pro Stunde 100 Mark zahlen sollte, also pro Monat 1000 Mark. Ich hab zu der Zeit von meinen Eltern 700 Mark zum Lebensunterhalt bekommen, die hab ich der Analytikerin gegeben. Das hat aber noch nicht gereicht, ich habe dann neben dem Studium und in den Semesterferien in einer Fabrik gearbeitet. Wovon ich damals gelebt habe, weiß ich nicht mehr. Also in diesem Punkt habe ich mich nur noch unverstanden gefühlt. Aber es gab da noch mehr. Also, das zweite war die Ferienregelung, sie ging so sechs Wochen im Sommer, vier Wochen an Weihnachten, also die ganzen Kinderferien. Das war immer der Horror. Einfach unaushaltbar. Ich bin dann immer zu verschiedenen Psychiatern gegangen, zu anderen Analytikern und zu diversen Beratungsstellen.

Hat Ihr Analytiker jemals über sich selbst gesprochen, seine Gefühle zu Ihnen, seine Familie oder seine Lebensgeschichte?

Ihre Lebensgeschichte wurde äußerst vermieden. Zur Familie hat sie nie etwas gesagt, was ich wusste, hab ich durch Zufall erfahren. Ich hätte gern mehr über sie gewusst. Vielleicht hätte ich sie dann in manchen Sachen besser verstehen können. Ich hätte dann wohl auch mehr Vertrauen zu ihr gehabt, weil ich geglaubt hätte, sie besser zu kennen. Dann hätte ich schneller von mir selber erzählen können. Sie hat auf Fragen zu ihrer Person immer nur

mit einer Gegenfrage geantwortet. Sie hat manchmal volle zehn Minuten geschwiegen.
(! setting: sitzend, MK) Ich hab dann zehn Minuten auf ihre Schuhe gestarrt. Also, was sie für Schuhe hatte, das wusste ich ganz genau. Das kannte ich am besten von ihr. Einmal hat sie auf Nachfragen dann gesagt, sie sei mit sich selbst beschäftigt. Ich fand das sehr kränkend, dass sie nicht bei mir war; und dann kam auch die Sorge, was bei ihr los ist.

Heide

Haben Sie den Analytiker als Partner bei der gemeinsamen therapeutischen Aufgabe erlebt?

Ja, vor allem am Anfang war er sehr einfühlsam. Ich hatte immer so Angst, dass ich in eine innere Abhängigkeit von ihm komme, dass ich von ihm nicht mehr loskomme. Er hat mich dann beruhigt und gesagt, er würde es schon hinkriegen, dass ich den Absprung wieder schaffe. *(Vermeidung von Regression, MK)*

Hatten Sie auch in Krisen das Gefühl, von Ihrem Analytiker verstanden zu werden?

Ja, in meiner religiösen Krise hat er mir geholfen. In meiner Beziehungskrise auch. Am wichtigsten war seine körperliche Präsenz. Seine Körperhaltung war mir zugewandt, er war konzentriert, hatte einen ernsten Gesichtsausdruck mit großen, offenen Augen. Dann habe ich mich immer sehr von ihm verstanden gefühlt.

Haben Sie während der Analyse zeitweilig intensive Gefühle der Zuneigung oder Abneigung gegenüber Ihrem Analytiker verspürt?

Ja, vorwiegend Zuneigung. In den Ferien ging es mir immer schlechter, obwohl ich immer so ein inneres Bild von ihm behalten habe. Am schlechtesten ging es mir in den letzten beiden Stunden vor seinen Ferien. Ich hatte dann immer Angst, nicht allein zurechtzukommen, diese Stütze zu verlieren. Auch Trauer darüber, den Menschen zu verlieren, den man so sehr mag. Überhaupt Angst, ihn zu verlieren. *(Trennungsangst, MK)*

Hatten Sie manchmal das Gefühl, dass Sie Wünsche hatten, die Sie als Kind ihren Eltern gegenüber hatten?

Ja, ich hatte manchmal den Wunsch, bei ihm auf dem Schoß zu sitzen. Aber einmal hat er mir den Blutdruck gemessen, das war mir dann zu viel. Wenn ich eingeschlafen bin, habe ich mir immer vorgestellt, er würde mich so von hinten umfassen. Das habe ich ihm aber nie gesagt. Das hätte ich nicht gekonnt. (emotionale »geistige Nähe«, aber keine körperliche Nähe gewünscht, MK)

Wann, glauben Sie, hat Ihnen Ihr Analytiker am meisten geholfen?

Es war ganz wichtig für mich, dass da jemand da ist. Besonders seine Stimme war mir wichtig. Seine Stimme war oft leise und langsam, eher mit einem sanften Ton. Vom Inhalt her weiß ich dann nicht mehr, was da abgelaufen ist. Die Atmosphäre und sein Dasein waren für mich, glaube ich, das Heilende. Dann hatte ich den Eindruck, dass er mich versteht und dass er mich wirklich mag. Vor allem das Verständnis, dass da endlich mal jemand da ist, der einen versteht. Ich hatte zu ihm so eine Beziehung, wie ich sie sonst noch nie zu einem anderen Menschen hatte.

Hat sich an Ihren körperlichen oder psychischen Beschwerden etwas verändert?

Ja, ich bin schon stabiler, was das Psychische angeht, falle nicht mehr so schnell in Depressionen. Ich finde jetzt, dass ich in Ordnung bin, so wie ich bin. Hab mehr Selbstwertgefühl. Ich schiebe mir nicht mehr alle Schuld zu an allem, was passiert. Wenn es mir sehr schlecht ging, hatte ich das Gefühl, ich will mich in der Praxis in die Ecke hocken und warten, bis es mir wieder besser geht. Dann hat er mir manchmal Bücher von sich mit nach Hause gegeben, das fand ich sehr beruhigend. Ich bin etwas unabhängiger von der Meinung anderer. Körperlich habe ich weniger Kopfschmerzen, mein Hexenschuss kommt seltener. Meine Magenprobleme sind geblieben wie vorher. Psychisch hat sich mehr verändert als körperlich.

Haben Sie sich in manchen Situationen ganz besonders von Ihrem Analytiker verstanden gefühlt, und können Sie dafür ein Beispiel geben?

Also, ich hab mich von Anfang an geweigert, mich auf die Couch zu legen. Im Liegen hätte ich mich so behindert gefühlt. Dafür hat er großes Verständnis gezeigt. Ich brauchte den direkten Kontakt zu ihm. Ich wollte nicht in die schwächere Position abrutschen. Wenn ich mich da so steif auf die Couch hätte legen müssen, wäre ich nie hingegangen.

Hat Ihr Analytiker jemals über sich selbst gesprochen, seine Gefühle zu Ihnen, seine Familie oder seine Lebensgeschichte?

Ja, über sein Studium hat er mir öfter erzählt. Er war ein Single, hat allein gelebt. Er hat mal gesagt, dass er gerne Kinder gehabt hätte. Er hat mir auch mal gesagt, dass er mich gern mag. Das war eine Sternstunde für mich.

Helga

Haben Sie den Analytiker als Partner bei der gemeinsamen therapeutischen Aufgabe erlebt?

Auf jeden Fall, auch wenn wir in manchen Punkten grundsätzlich verschiedener Meinung waren, z. B. was das Einbeziehen theoretischer Fragen und das »Vorleben« von Gefühlen angeht. Ich finde, der Analytiker sollte einem auch Gefühle vorleben.

Hatten Sie auch in Krisen das Gefühl, von Ihrem Analytiker verstanden zu werden?

Grundsätzlich ja, soweit es ihm bei seiner eigenen psychischen Struktur möglich war. Allerdings, wirklich schwere Krisen blieben in meiner Analyse aus.

Haben Sie während der Analyse zeitweilig intensive Gefühle der Zuneigung oder Abneigung gegenüber Ihrem Analytiker verspürt?

Ich verspürte vom ersten Gespräch an große Sympathie für den Analytiker, aber so eine echte analytische Liebe kam nie zustande. Es machte mir überhaupt nichts aus, wenn er in Ferien ging. Ausgesprochene Abneigung empfand ich nie. Dazu war die Beziehung zwischen uns zu lau. Man könnte höchstens davon sprechen, dass er mir zeitweilig lästig wurde, z. B. vor der Zwischenprüfung. Da brach ich die Analyse für eine Zeit lang ab, weil ich der Meinung war, dass ich das viel besser alleine bewältige.

Hatten Sie manchmal das Gefühl, dass Sie Wünsche hatten, die Sie als Kind Ihren Eltern gegenüber hatten?

Ganz bestimmt: Wie häufig auch bei anderen Männern hatte ich den Wunsch, an der Hand genommen und geführt zu werden. Z. B. träumte ich einmal, ich hätte ihm beim Schreiben eines Buches geholfen und dadurch selbst diese Fähigkeit erworben. *(narzisstischer Restitutionsversuch im Traum, MK)*

Wann, glauben Sie, hat Ihnen Ihr Analytiker am meisten geholfen?

Immer, wenn der Analytiker selbst Gefühle zeigte, konnte ich etwas für mich holen. Das brauchte nicht unbedingt ein Gefühl zu sein, das mit mir im Zusammenhang stand, sondern einfach ein intensives Gefühl von ihm. Aber leider hat er so was viel zu selten gezeigt, weil es wohl seiner orthodoxen Haltung zuwider lief. Ich glaube, er hat niemals ganz begriffen, wie groß meine Defizite in diesem Bereich wirklich waren.

Hat sich Ihre Beziehung zum Analytiker im Laufe der Therapie gewandelt?

Ja, nach zähem Ringen meinerseits hatte der Analytiker endlich begriffen, dass es wirklich sinnvoll war, manchmal theoretische Aspekte mit einzubeziehen, wenn ich solche ansprach. Ich bin auch öfter mal in seine Vorlesungen gegangen und habe Seminare von ihm besucht. Manchmal hat er mir auch Bücher von sich geliehen, das fand ich sehr schön.

Hat sich an Ihren körperlichen oder psychischen Beschwerden etwas verändert?

Die körperlichen Beschwerden blieben immer gleich. Psychisch traten große Veränderungen ein: Z. B. wurde meine Arbeitsfähigkeit wiederhergestellt. Bevor ich zu Dr. K. in Analyse ging, war ich neun Monate in einer psychosomatischen Klinik in psychoanalytischer Einzeltherapie. Das war fünf Mal in der Woche, eineinhalb Stunden jedesmal. *(! MK)* Dort wurde mir Dr. K. zur Weiteranalyse empfohlen. Insgesamt mit Dr. K. habe ich also so schätzungsweise 600–700 Stunden bis jetzt.
Außerdem verbesserte sich meine Beziehungsfähigkeit entscheidend, mein Selbstwertgefühl stieg kontinuierlich wieder an.

Haben Sie sich in manchen Situationen ganz besonders von Ihrem Analytiker verstanden gefühlt, und können Sie dafür ein Beispiel geben?

Der Analytiker teilte ehrlich meine Sorgen um zwei italienische Kinder, die ich seit langem betreue, und versuchte nicht, das Ganze als Ablenkungsmanöver meinerseits zu interpretieren. Beim Besorgen von Therapieplätzen für die beiden Kinder hat er mir auch aktiv geholfen.
Auch wenn es eine neue Möglichkeit gab, die Migräne mit Medikamenten zu bekämpfen, wies er mich immer darauf hin.

Gab es Situationen, in denen Sie sich sehr unverstanden gefühlt haben, und würden Sie dafür ein Beispiel geben?

Ich glaube, meine Art als Frau hat der Analytiker nie so recht akzeptiert, weil er eher ein konservatives Frauenbild

hatte. Da waren meine Schwierigkeiten mit ihm ganz ähnlich wie die mit meinem Mann.
Bei Träumen stand bei ihm immer die sexuelle Interpretation im Vordergrund, während mein Gefühl meistens etwas ganz anderes anzeigte. Als Beispiel folgender Traum:

> Ich mache gerade einen riesigen Luftsprung aus einem Wald heraus auf ein lichtdurchflutetes Feld. Im gleichen Augenblick legt ein Mann, wahrscheinlich mein eigener, ein Gewehr auf mich an. Gleichzeitig rutscht eine Frau, die ihn umfangen hielt, langsam an seinem Körper zusammen und sinkt zu seinen Füßen nieder. Beide haben den qualvollen Ausdruck, etwas tun zu müssen, weil es nicht anders geht.

Hier hob Dr. K. hauptsächlich auf die sexuelle Symbolik ab, während für mich das Gefühl, dass meine Lebendigkeit abgetötet wird, einfach viel offensichtlicher war. Bei anderen Träumen war es ähnlich. *(ödipale Deutung statt Deutung der Selbstwertproblematik, MK)*

Hat Ihr Analytiker jemals über sich selbst gesprochen, seine Gefühle zu Ihnen, seine Familie oder seine Lebensgeschichte?

Ja, mehrmals, aber nicht über seine Gefühle zu mir: Anlässlich des Todes seines Vaters und über eine Russlandreise als Student.

Katharina

Haben Sie den Analytiker als Partner bei der gemeinsamen therapeutischen Aufgabe erlebt?

Manchmal. Manchmal wollte ich nicht mitmachen und auch kein Partner von ihm sein. Ja, ich finde ihn sehr verlässlich. Ich liefere ihm das Material, und er geht darauf ein oder auch nicht. Er hat nicht so eine therapeutische Fassade, das finde ich gut. Ich reagiere da sehr empfindlich bei so einer professionellen Haltung. Ich hab dann immer das Gefühl, nicht ernst genommen zu werden, vom Therapeuten so technisch behandelt zu werden.

Hatten Sie auch in Krisen das Gefühl, von Ihrem Analytiker verstanden zu werden?

Manchmal ist es mir zu viel geworden, wenn er in meinen Konflikten herumgestochert hat. Aber im Nachhinein fand ich das doch ganz gut. Manchmal war er richtig penetrant, dann wollte ich das alles langsamer haben. Ich bin da oft mit meinem Gefühl nicht mehr nachgekommen. Der war immer irgendwie schon weiter als ich. Und ich dachte, ich bin hier wieder der Depp, der nichts kapiert von dem, was da abläuft.

Haben Sie während der Analyse zeitweilig intensive Gefühle der Zuneigung oder Abneigung gegenüber Ihrem Analytiker verspürt?

Manchmal dachte ich, alle Analytiker sind scheinheilig und total verlogen. So eine Krähe hackt der anderen kein Auge aus. Ich hatte mal Schwierigkeiten mit einem Arzt,

bei dem ich in Behandlung war. Er hat mich gegen den überhaupt nicht verteidigt. Der hat dem auch noch Recht gegeben. Abneigung habe ich immer empfunden, wenn er mir widersprochen hat.
Am Anfang war meine Zuneigung ihm gegenüber eher kindlicher Art. Als ob ich das Kind wäre und bringe ihm was, damit er sich freut. Ich bin auf ihn zugegangen, mit so Verhaltensweisen, wie es für ein Kind angebracht gewesen wäre. Da hat er mich dann immer drauf hingewiesen, und ich hab mir das mit der Zeit dann abgewöhnt.

Hatten Sie manchmal das Gefühl, dass Sie Wünsche hatten, die Sie als Kind Ihren Eltern gegenüber hatten?

Meine Mutter hat immer so viel geredet, ich wollte auch, dass er manchmal schweigt, mich nicht dauernd vollabert, mir seine Deutungen so hinknallt. Ich fand das sehr angenehm, wenn er ganz anders war als meine Mutter. Die war immer so hektisch und hysterisch und aufdringlich. Immer hat sie mich mit ihren Gefühlen bedrängt. Bei meinem Analytiker war das ganz anders, Gott sei Dank.

Wann, glauben Sie, hat Ihnen Ihr Analytiker am meisten geholfen?

Wenn er mich an so bestimmten Punkten festhält und mich nicht abschweifen lässt. Mein Gefühl ist, dass er sich zum Teil wirklich von mir berühren lässt. Wenn er mich ernst nimmt und mich nicht einlullt. Einlullen hasse ich. Ich will auch mal ein Lob oder eine Zuwendung, aber nur wenn es wirklich so gemeint ist.

Hat sich Ihre Beziehung zum Analytiker im Laufe der Therapie gewandelt?

Ja, am Anfang war es eher kindlicher, jetzt lasse ich eher so einen vorsichtigen Kontakt zu. Am Anfang war ich eher so aufgesetzt freundlich, jetzt bin ich ruhiger, ich lasse ihn mehr an mich ran. Ich kann jetzt auch besser abwarten, was von ihm kommt. Ja, manchmal warte ich einfach ab, ob von ihm etwas kommt. Das finde ich dann leichter, da habe ich dann schon mal einen Ansatzpunkt. Ja, wenn ich nicht mehr weiterweiß, dann gibt er mir schon so kleine Hilfestellungen. Das soll ja bei anderen Analytikern ganz anders sein. Die lassen einen dann regelrecht verhungern. Dann ist nur noch das große Schweigen im Raum, Totenstille, das fände ich ganz furchtbar. Da würde ich rauslaufen oder so.

Hat sich an Ihren körperlichen oder psychischen Beschwerden etwas verändert?

Körperliche Beschwerden hatte ich nie. Ich bin nicht mehr so gehetzt und hektisch. Ich bin zwar manchmal noch unsicher, aber nicht mehr so kindlich. Ich erlebe mich selbstbewusster, mach mich nicht mehr so klein. Ich überlege mehr, was ich will und was nicht.

Gab es Situationen, in denen Sie sich sehr unverstanden gefühlt haben, und würden Sie dafür ein Beispiel geben?

Wenn er so massiv und direkt ist, wenn er in Sachen reinhaut, die mir unangenehm sind. Er wollte meinen kindlichen Schutzpanzer auflösen, da wurde ich ganz unsicher, weil ich keinen Ersatz dafür hatte. Ich finde, der Analytiker muss einem dann auch irgendetwas wie Ersatz anbieten für das, was man aufgeben soll. Also, das finde ich ganz wichtig. Ich kam mir manchmal so bloß vor, so ohne Schutz, weil ich einen Abwehrmechanismus aufgegeben habe, und hatte dann gar nichts mehr.

Hat Ihr Analytiker jemals über sich selbst gesprochen, seine Gefühle zu Ihnen, seine Familie oder seine Lebensgeschichte?

Er hat mir erzählt, dass er am Studienanfang immer dachte, er hätte alle Störungen. Das habe ich bei meinem Sozialpädagogik-Studium auch immer gedacht. Da habe ich mich sehr verstanden gefühlt, richtig anerkannt. Wenn er was Privates von sich erzählt, mag ich das gern, das finde ich gut. Das ist weg von der Technik, natürlicher. Dann hab ich das Gefühl, dass er mich ernst nimmt. Wenn die einem überhaupt nichts von sich erzählen, dann finde ich das ziemlich mager und auch irgendwie feige. Dann komme ich mir um was betrogen vor. Also, ich will schon auch was von dem zu sehen kriegen.

Mara

Haben Sie den Analytiker als Partner bei der gemeinsamen therapeutischen Aufgabe erlebt?

Ja, sämtliche Vorschläge von mir werden aufgegriffen. Also, wenn ich irgendein Pippifax habe, rufe ich bei ihr an, so durchschnittlich zwei bis drei Mal in der Woche. Da geht sie immer drauf ein, nimmt es ernst und es stellt kein Problem für sie dar. Das ist für mich sehr wichtig, weil mir oft hinterher was einfällt, also nach der Stunde, sonst würde die Therapie ins Stocken kommen. Das gehört für mich zum Arbeitsbündnis. Mit so einer coolen Therapeutin könnte ich nichts anfangen, die mich dann abtut oder so.

Hatten Sie auch in Krisen das Gefühl, von Ihrem Analytiker verstanden zu werden?

Ja, wenn sie mich nicht in Krisen verstehen würde, könnte ich sie ja in den Müll werfen. Also, als es mir besonders schlecht ging, bin ich einfach unangemeldet in die Praxis rein und hab sie aus einer anderen Stunde rausgeholt. Erst war sie ganz erstaunt und dann bin ich in ein anderes Therapiezimmer gegangen und hab mich da auf den Boden vor die Heizung gelegt. Sie kam rein und sagte, sie käme nach der Stunde zu mir. Das hat sie dann auch getan und hat mir eine Decke gebracht und hat noch fünf Minuten mit mir geredet. Ich bin den ganzen Tag in ihrer Praxis geblieben. Das war sehr wichtig und das war das Entscheidende für mich.

Haben Sie während der Analyse zeitweilig intensive Gefühle der Zuneigung oder Abneigung gegenüber Ihrem Analytiker verspürt?

Also, ich hab so ein konstantes Level, das ist so eine innere Verhaltenheit. Also, von meinen wirklichen Gefühlen erfährt die nie irgendwas. Wenn jemals von mir ein Gefühl ausgedrückt wird, dann ist das Aggression. Es gibt ganze Themenbereiche, die ich nie ansprechen würde. Z. B. würde ich nie über Sex mit ihr reden, also alles, was mich wirklich emotional tiefer berührt, erzähle ich ihr nicht.

Hatten Sie manchmal das Gefühl, dass Sie Wünsche hatten, die Sie als Kind Ihren Eltern gegenüber hatten?

Ja, ich hab so einen Wunsch nach körperlicher Nähe, die aber auf keinen Fall sexuell geprägt sein darf. Das merke ich ganz deutlich. Das ist so ein Kinderwunsch von mir. Sie hat mir schon mal angeboten, meine Hand zu halten, dann bin ich total ausgerastet und hab gesagt, ich will die Therapie abbrechen und ich fühle mich missbraucht. Sie sagte dann:

> »Wir wollen mal ein bisschen Körperkontakt ausprobieren«,

und obwohl ich das nicht wollte, hat sie es dann gemacht. Da war ich stinksauer und hatte total Angst vor ihrer Berührung. Also, ich wollte schon so einen Körperkontakt, aber ich finde, das hätte ich vorschlagen sollen und nicht sie. Vielleicht hätte ich das dann ganz schön gefunden.

Hat sich Ihre Beziehung zum Analytiker im Laufe der Therapie gewandelt?

Ja, je länger ich bei ihr bin, desto skeptischer werde ich

ihr gegenüber und je weniger spontan werde ich. Sie hat mich viel zu oft gekränkt, mich warten lassen auf die Stunde, während meiner Stunde telefoniert. Am meisten hat mich gekränkt, dass sie manchmal während der Stunde hinausgeht, um an der Heizung zu stellen. Das ist immer so ein Absturz in die Tiefe. Wenn ich voll engagiert bin, lässt sie mich allein und dann finde ich nicht mehr den Anschluss an sie. Dann ist die Stunde für mich gelaufen. Also die Beziehung zu ihr, das ist doch kein menschlicher Kontakt zu der, das ist ein therapeutischer. *(! MK)*

Hat sich an Ihren körperlichen oder psychischen Beschwerden etwas verändert?

Ja, meine Gesundheit hat sich allgemein stabilisiert. Meine körperlichen Beschwerden haben sich gebessert und meine Wahrnehmung hat sich verfeinert. Auch mein Selbstwertgefühl ist besser geworden. Meine depressiven Stimmungen sind nicht mehr vorrangig, ich kann mich jetzt gegenüber meiner Mutter besser behaupten. Ich leide nicht mehr so unter meiner Jungenhaftigkeit.

Gab es Situationen, in denen Sie sich sehr unverstanden gefühlt haben, und würden Sie dafür ein Beispiel geben?

Ja, permanent. Die Therapeutin hat mich öfter angefasst, so richtig zärtlich am Hintern gestreichelt und meinen Busen angefasst. Ganz oft hat sie mich auch ziemlich heftig in den Hintern gekniffen oder mir zwischen die Beine gefasst. Also das war das absolut Schlimmste. Ich hab mich missbraucht gefühlt und unverstanden. Das ist nicht nur einmal vorgekommen, sondern viele Male. Ich bin so wütend und enttäuscht, sie hat mein Vertrauen missbraucht, mich benutzt. Ich wollte die Therapie schon oft abbrechen, aber das schaffe ich nie. Ich habe ihr das auch schon oft gesagt, und sie sagte bloß, dann wäre alle Mühe, die sie sich mit mir gegeben hätte, umsonst, und dann sagte sie noch, dass wir uns doch beide nicht voneinander trennen können. *(! MK)*

Hat Ihr Analytiker jemals über sich selbst gesprochen, seine Gefühle zu Ihnen, seine Familie oder seine Lebensgeschichte?

Ja, jede Stunde mindestens ein Mal mit einer Äußerung. Sie hat gesagt, dass sie mich mag, dass sie mir wohlgesonnen ist, dass sie hinter mir steht. Manchmal ist sie auch wütend auf mich, sagt sie, weil ich die Mühe, die sie sich gibt, nicht sehen will. Dass ich ihr Entgegenkommen nicht würdige und so. Sie erzählt regelmäßig von sich und manchmal will ich es hören und manchmal stört es mich.

Mischa

Hatten Sie auch in Krisen das Gefühl, von Ihrem Analytiker verstanden zu werden?

Während der Analyse ist meine Schwester gestorben, da war sie sehr direkt betroffen, und als ich beim nächsten Mal in die Stunde kam, sagte sie:

»Ich hab mir Sorgen um Sie gemacht.«

Das hat mir sehr gefallen.

Haben Sie während der Analyse zeitweilig intensive Gefühle der Zuneigung oder Abneigung gegenüber Ihrem Analytiker verspürt?

Zuerst war Abneigung das deutlichste Gefühl. Ich hab sie als Kontrollinstanz empfunden. Später habe ich mich dann gut bei ihr aufgehoben gefühlt. Ich hab mir als Analytikerin so eine ältere Dame ausgesucht. Sie sollte auch äußerlich meinem Mutterbild entsprechen.

Hatten Sie manchmal das Gefühl, dass Sie Wünsche hatten, die Sie als Kind Ihren Eltern gegenüber hatten?

Ja, ich wollte immer unbedingt von ihr angesehen werden. Meine Mutter hat mich nie richtig angesehen, ich meine, mir so richtig in die Augen gesehen, wie Mütter das normalerweise tun. Ich liege da auf der Couch, obwohl ich lieber sitzen würde. Mir fehlt der Augenkontakt, weil bei mir die Augen ein Vehikel zur Kontaktaufnahme sind. Außerdem brauche ich den Augenkontakt zum Aufrechterhalten von Gefühlen, besonders bei den unangenehmen Sachen. Wenn die Stunde zu Ende ist, stehe ich ganz abrupt auf, da wird mir immer ganz schwindlig. Zuviel darf man von der Mutter nicht wegnehmen, sonst kommt sie in der nächsten Stunde nicht mehr wieder.

Wann, glauben Sie, hat Ihnen Ihr Analytiker am meisten geholfen?

Sie ist immer gerne eingestiegen, wenn ich das Thema Unterdrückungsmechanismen in der Ehe angesprochen hab. Dann hat sie viele Deutungen von sich gegeben. Das habe ich dann immer sehr ausgenutzt, weil ich wusste, jetzt gefalle ich ihr. Das verwende ich dann auch als Ausweg und Entlastung; die Eheschwierigkeiten sind weniger schlimm als die Sachen mit meiner Mutter. *(Flucht vor den »frühen Sachen« in eine ödipale Situation, die vermeintlich besser gemeistert wird, MK)*

Hat sich Ihre Beziehung zum Analytiker im Laufe der Therapie gewandelt?

Also sie hat mich schon zu überraschenden Entdeckungen gebracht. Ich glaube, dass ich bei einer Frau besser aufgehoben bin, ich sehe das jetzt viel positiver als vorher bei dem Mann. Dies ist nämlich schon meine zweite Analyse, die erste war bei einem »Jungschen Analytiker«, da ist überhaupt alles schief gelaufen. Der hat mich immer so idealisiert, ich dachte immer, das sollte umgekehrt sein. Aber ich fand den ziemlich lächerlich.

Haben Sie sich in manchen Situationen ganz besonders von Ihrem Analytiker verstanden gefühlt, und können Sie dafür ein Beispiel geben?

Hm, ja sie redet sehr viel für eine Analytikerin. Also ihre

Modulation von »Hm« gefällt mir sehr gut. Die ist so aufmunternd und warm. Ihre Stimme ist überhaupt das Wichtigste für mich. Dann denke ich mir immer, das ist gut so, mach weiter so, Mischa. Ich meine da rauszuhören, dass sie mich versteht, wie eine Mutter, die gerade weiß, was das Kind braucht, auch wenn das Kind es nicht sagt. Aber es geht darum, dass sie mich auch ohne Worte versteht. Manchmal kann ich das dann in der Stunde nicht mehr auseinanderhalten, Mutter und Analytikerin verschwimmen dann ineinander, ich kann das dann nicht mehr richtig trennen.

Gab es Situationen, in denen Sie sich sehr unverstanden gefühlt haben, und würden Sie dafür ein Beispiel geben?

Also, da war die Sache mit der Sexualität. Da hat sie sehr insistiert, immer wieder hat sie darauf rumgehackt. Ich hab mich von ihr bedrängt gefühlt und hab dann zu diesem Thema überhaupt nichts mehr gesagt. Es hat eineinhalb Jahre gedauert, bis ich die Beziehung zwischen uns beiden ansprechen konnte. *(gemeint ist die Beziehung zwischen Mischa und der Analytikerin, MK)* Ein positives Gefühl ist leichter auszudrücken als Wut. Ich hatte immer Angst, dass sie kühl wird, wenn ich ihr Negatives sage.
Außerdem empfinde ich mich als sehr hautkontaktbedürftig, unterdrücke das aber immer bei ihr. *(Während des ganzen Interviews streicht Mischa mit einer Hand an der Innenseite des Unterarmes entlang, ist sich dieser autoerotischen Betätigung offensichtlich nicht bewusst, denn als ich ihn daraufhin anspreche, weiß er nicht, was ich meine.)* Also ich finde sowieso, dass der Hautkontakt in der Analyse viel zu kurz kommt, so ab Ende des dritten Jahres war bei mir ein Grad von Vertrautheit erreicht, da hätte ich gerne etwas mehr Hautkontakt gehabt.

Hat Ihr Analytiker jemals über sich selbst gesprochen, seine Gefühle zu Ihnen, seine Familie oder seine Lebensgeschichte?

Nein, nie. Ich will das auch gar nicht wissen, was die mit ihrer Familie hat, die soll für mich da sein. Ihre privaten Probleme interessieren mich nicht.

Axel

Haben Sie den Analytiker als Partner bei der gemeinsamen therapeutischen Aufgabe erlebt?

Ja, allerdings war dieses im Verlauf der Analyse sehr unterschiedlich.

Hatten Sie auch in Krisen das Gefühl, von Ihrem Analytiker verstanden zu werden?

In meinen persönlichen Krisen ja. Krisen in der Analyse gab es bisher nicht.

Haben Sie während der Analyse zeitweilig intensive Gefühle der Zuneigung oder Abneigung gegenüber Ihrem Analytiker verspürt?

Ja, habe ich, es gibt den Wunsch, mit ihm zu verschmelzen, mit seiner Haut Kontakt zu haben. Manchmal spüre ich ihn über die Haut. Wenn seine Stimme so kühl ist, dann merke ich das zuerst an meiner Haut. Die zieht sich dann zusammen und wird kalt. Wenn seine Stimme sanft ist, dann wird meine Haut am Rücken warm. *(Axel hat eine massive Rückensymptomatik! MK)*
Ich hatte mal eine Wunde, da hat er mir ein Pflaster gegeben. Das hat er mir aufgeklebt. Das war ganz toll für mich, das war ein halber Orgasmus. *(! MK)*
Wenn ich das Gefühl habe, er ist böse oder gut auf mich zu sprechen, dann spüre ich das von hinten. *(setting liegend, MK)* Ich sauge ihn dann geradezu mit der Haut auf. Er verflüssigt sich irgendwie. Er ist irgendwo im Raum, wie Gott, das sauge ich dann auf wie ein Schwamm.

Hatten Sie manchmal das Gefühl, dass Sie Wünsche hatten, die Sie als Kind Ihren Eltern gegenüber hatten?

Ja, der Wunsch nach Verständnis und Unterstützung von seiner Seite ist zeitweilig sehr stark.

Wann, glauben Sie, hat Ihnen Ihr Analytiker am meisten geholfen?

Die Hilfe und Unterstützung durch meinen Analytiker erstreckte sich bisher durch die ganze Analyse und bezog sich auf alle Angelegenheiten, die mir wichtig waren und sind. Ja, womit er mir am meisten geholfen hat? Also, er soll mir alle Schwierigkeiten abnehmen. Ich will, dass er mir Recht gibt. Ich will, dass er mir zur Verfügung steht. Er soll ganz ruhig sein, im Gegensatz zu meiner Unruhe. Von großer Bedeutung ist, wie der mich anguckt, verständnisvoll oder gleichgültig. Ich habe oft so ganz mitfühlende Blicke von ihm bekommen, er guckt mich dann total offen und weich an. Beim Anfang oder beim Abschied. Wenn ich was Positives erzähle, würde ich das auch ganz gerne mitkriegen, wie der mich dann ansieht. Aber ich liege ja, deshalb kann ich das leider nicht sehen. Wenn ich was Negatives erzähle, hätte ich dann aber Angst vor seiner Augenreaktion. Ich glaube, dass er mich mit dem Blick nicht betrügt, sein Blick ist was ganz Ehrliches. Meine Mutter hatte immer so einen hasserfüllten Blick, deshalb will ich jetzt Wiedergutmachung dafür mit seinem liebevollen Blick.

Hat sich Ihre Beziehung zum Analytiker im Laufe der Therapie gewandelt?

Zweifellos ja. Im Laufe der Jahre hat sich eine größere

Vertrautheit zwischen uns ergeben und dadurch auch das jetzige Arbeitsverhältnis. Im Laufe der Zeit, so etwa ab dem fünften Jahr, wurde seine Stimme sehr wichtig für mich. Wenn ich etwas Emotionales erzähle und seine Stimme ist dann ganz sachlich, dann haut das voll rein. Das ist dann wie ein klirrendes Schwert. Das ist dann für mich das Zeichen, dass ich mal wieder Mist erzählt habe. Dann versuche ich das umzuformulieren. *(! MK)*
Er kann sehr viel mit der Stimme machen. Insbesondere fällt mir das auf, wenn wir beim Auf-Wiedersehen-Sagen Augenkontakt haben. Am Schluss kommt dann immer die Krönung für mich, dann ist alles zusammen, was ich will: Augen, Stimme, Hautkontakt.

Hat sich an Ihren körperlichen oder psychischen Beschwerden etwas verändert?

Ja, die ursprüngliche Symptomatik war relativ eingegrenzt. Im Laufe der Analyse hat sich das Spektrum erweitert. Es ist mir nun möglich, äußere und innere Einflüsse bestimmten körperlichen Reaktionen von mir zuzuordnen und auch umgekehrt.

Haben Sie sich in manchen Situationen ganz besonders von Ihrem Analytiker verstanden gefühlt, und können Sie dafür ein Beispiel geben?

Ich fühle mich durchweg von meinem Analytiker verstanden. Herausragende Vorfälle gab es bisher nicht.

Gab es Situationen, in denen Sie sich sehr unverstanden gefühlt haben, und würden Sie dafür ein Beispiel geben?

Ja, eine Situation, in der ich mich immer besonders unver-

standen fühle, ist, wenn er Heuschnupfen hat. Das hat er ziemlich oft. Das stört mich dann beim Atmen, wenn ich ihn dann so hinter mir schniefen höre. Das stört dann meinen Atemrhythmus und auch meinen Herzschlag, ich komme dann irgendwie überhaupt nicht mehr mit. Da ist dann irgendwie so'n Bruch drin. Dann fühle ich mich mit ihm nicht übereinstimmend. Und das macht mich dann sehr wütend. Ich will so sein, wie er ist, und das ist dann unmöglich für mich. So, mich irgendwie mit ihm eins fühlen. Und das geht dann irgendwie nicht mehr.
Ein anderer Punkt ist, dass er während der Stunde oft Bonbons gelutscht hat. Ich höre dann hinter mir das Papier rascheln und sein Schmatzen und denke mir, das blöde Schwein. Wenn ich hier liege, hat der sich hier nicht anderweitig zu befriedigen. Manchmal trinkt er auch Kaffee und das Geschlürfe finde ich genauso schlimm. Ich hab über vier Jahre gebraucht, um diese Punkte anzusprechen. Seitdem gibt es keine Bonbons mehr während meinen Stunden und die Kaffeetasse wird vorher weggeräumt.

Hat Ihr Analytiker jemals über sich selbst gesprochen, seine Gefühle zu Ihnen, seine Familie oder seine Lebensgeschichte?

Nein. Mein Analytiker hat noch nie über sich selbst gesprochen. Weder über seine Familie noch über seine Lebensgeschichte. Auch nicht über seine Gefühle zu mir.

Rita

Haben Sie den Analytiker als Partner bei der gemeinsamen therapeutischen Aufgabe erlebt?

Am Anfang war er der Gott, ich hatte einen unglaublichen Respekt vor ihm. Er war für mich eher so ein Vater, obwohl ich ihn lieber als Partner gehabt hätte. Ich hatte Angst vor ihm, aber ich hab ihm auch vertraut. Eigentlich sehr bald. Misstrauen war aber auch immer da, es hätte ja auch sein können, dass er über mich herfällt.

Haben Sie während der Analyse zeitweilig intensive Gefühle der Zuneigung oder Abneigung gegenüber Ihrem Analytiker verspürt?

Ich hätte ihn mir nie als Mann gewünscht, eher als Vater. Es gab so eine Vater-Tochter-Beziehung, er hatte so etwas Väterliches. Als Mann fand ich ihn warm, aber absolut nicht sexy. Ich hab mir schwer vorstellen können, wie der im Bett ist. Manchmal, wenn ich gegangen bin, hatte ich das Gefühl, ich wollte ihn umarmen.

Hatten Sie manchmal das Gefühl, dass Sie Wünsche hatten, die Sie als Kind Ihren Eltern gegenüber hatten?

Ich habe keine Grundsicherheit, ohne den Analytiker habe ich immer so ein Gefühl von absoluter Unsicherheit. Einfach so ein fehlendes Urvertrauen. Ich brauche, glaube ich, lebenslang zwei Stunden in der Woche Analyse, um mein Misstrauen auszugleichen. Wie bei einem Zuckerkranken, der sich Insulin spritzen muss, lebenslang, so brauche ich den Analytiker als Muttersatz, lebenslang.

Wann, glauben Sie, hat Ihnen Ihr Analytiker am meisten geholfen?

Ich weiß nicht wann, er war jedenfalls da. Ich hatte das Gefühl, da ist jemand da, der mir den Rücken stärkt. Ganz wichtig war es zu wissen, er mag mich. Wenn das nicht gewesen wäre, dann hätte ich nie ein Wort von mir erzählt. Ich dachte immer, der hat mich auch lieber als alle anderen Patienten. *(symbiotische Phantasie, MK)* Daraus hab ich das Vertrauen gezogen und ihm viel von mir erzählt. Wenn das nicht gewesen wäre, ich weiß nicht, wie das dann gelaufen wäre mit uns. Jedenfalls hab ich auch in Krisen das Gefühl gehabt, dass er mich mag. Das war das Wichtigste von allem, das Wichtigste in der ganzen Therapie. Endlich war jemand da, der mich mochte, wie ich bin, mit allen Macken und Neurosen.

Hat sich Ihre Beziehung zum Analytiker im Laufe der Therapie gewandelt?

Ja, die hat sich schon gewandelt. Ich habe zwei Jahre Einzeltherapie bei ihm gemacht und bin dann zu ihm in die Gruppe gekommen. Das war extrem schwierig mit den anderen zehn Leuten. Heute frage ich mich, ob das damals von ihm eine richtige Entscheidung gewesen ist. Ich hab dann ewig lang in der Gruppe nur geschwiegen. Aus Wut, aus Trotz und auch aus Angst.

Hat sich an Ihren körperlichen oder psychischen Beschwerden etwas verändert?

Meine Hautprobleme sind in der Analyse besser geworden. Ich hatte Neurodermitis, die hat sich immer mehr verflüchtigt. Außerdem schiele ich, und damit kann ich jetzt besser umgehen; der Analytiker war total weitsichtig und hat immer so nach außen geschielt. Also, das hat mich mit meinen Augen sehr versöhnt. Also, wenn jemand auch so wenig sieht wie ich, und der kann damit Psychoanalytiker werden, dann brauche ich die Hoffnung ja noch nicht aufzugeben. Dass ich das bei ihm gesehen habe, das war ganz wichtig für mich. Da war er wirklich ein Vorbild.

Haben Sie sich in manchen Situationen ganz besonders von Ihrem Analytiker verstanden gefühlt, und können Sie dafür ein Beispiel geben?

Ja, das war die Sache mit der Couch. Ich wollte partout nicht auf der Couch liegen, weil er dann hinter mir sitzen würde und ich dann seine Mimik nicht sehen kann. Dann verliere ich die Kontrolle oder der fällt über mich her oder so. Das hat er völlig verstanden. Ich habe die ganze Zeit gesessen. Wenn er sich neben die Couch gesetzt hätte und ich hätte ihn ansehen können und er mich, dann hätte ich das vielleicht ganz schön gefunden. Der Blick war mir nämlich ganz wichtig. Wenn er mich anschaute, hatte ich das Gefühl, ernst genommen zu werden. *(Rita wurde im Alter von acht Jahren von ihrem Vater sexuell missbraucht. Die Mutter und der ältere Bruder haben dabei zugesehen! MK)*

Gab es Situationen, in denen Sie sich sehr unverstanden gefühlt haben, und würden Sie dafür ein Beispiel geben?

Er hat nicht viel geredet. Da hab ich mich immer sehr unverstanden gefühlt. Ich hab mir öfter einen guten Ratschlag von ihm erhofft, aber er saß nur da wie eine Mumie. Dann ist er teilweise auch eingeschlafen, dann hab ich mich völlig wertlos gefühlt. Ich war so wenig wichtig, dass man da auch einschlafen kann, wenn ich rede. Ich dachte, wenn der schläft, meine Sachen interessieren den überhaupt nicht. Ich hab mich dann damit versucht zu beruhigen, dass ich mir eingeredet hab', er meditiert jetzt. Während er geschlafen hat, hab ich immer weiter geredet, einfach irgendwas, weil ich dachte, irgendwas muss hier ja passieren. Aber das mit dem Schlafen, das war furchtbar für mich.

Hat Ihr Analytiker jemals über sich selbst gesprochen, seine Gefühle zu Ihnen, seine Familie oder seine Lebensgeschichte?

Ja, über seine Ausbildung hat er schon gesprochen, auch über seine Gefühle zu mir. Am Ende der Analyse, also in der letzten Stunde, da hat er mich umarmt. Das gefiel mir, da habe ich so viel Oberfläche von mir erwischt. *(Patientin korrigiert sich: »Da habe ich so viel Oberfläche von ihm erwischt«. MK)* Also, das hätte der meinetwegen am Ende jeder Stunde machen können. Darauf hab ich immer gewartet. Also, das Handgeben am Schluss, das hätt er sich auch sparen können, das war mir sowieso zu wenig. Im Verhältnis zu dem, was ich gebraucht hätte an Körperkontakt, war das Handgeben fast lächerlich.

Willi

Haben Sie den Analytiker als Partner bei der gemeinsamen therapeutischen Aufgabe erlebt?

Ja. Wobei das nicht bedeutet, dass ich ihn auf der gleichen Ebene wahrgenommen habe. Die ersten 20 Stunden etwa fürchtete ich, ihm intellektuell überlegen zu sein. Später hat sich das geändert, und nicht nur auf der intellektuellen Ebene. In der allerletzten Phase vor dem Abbruch der Analyse hatte ich das Gefühl, dass sein Engagement verloren gegangen war. Insgesamt war er wohl mehr Partner als distanzierter Therapeut.

Hatten Sie auch in Krisen das Gefühl, von Ihrem Analytiker verstanden zu werden?

Nicht immer. Speziell in Krisen, die ich wegen Schwierigkeiten mit Frauen hatte, war seine Einfühlung begrenzt. So schien er z. B. einfach nicht verstehen zu wollen, warum ich mit einer Frau nicht geschlafen hatte. Da war er wohl als Mann nicht immer distanziert genug, um sich neutral zu verhalten.

Haben Sie während der Analyse zeitweilig intensive Gefühle der Zuneigung oder Abneigung gegenüber Ihrem Analytiker verspürt?

Keine besonders intensiven. Ein Symptom bei mir war die Nivellierung meiner Gefühlslage. Entsprechend moderat waren meine Gefühle der Zu- oder Abneigung ihm gegenüber. Im Verlauf der Analyse haben sich solche Gefühle in ihrer Intensität verstärkt, aber ich glaube, sie haben nie das Ausmaß erreicht, das man bei einer Analyse erwarten kann.

Hatten Sie manchmal das Gefühl, dass Sie Wünsche hatten, die Sie als Kind Ihren Eltern gegenüber hatten?

Ja. Z.B., dass mich der Analytiker, bildlich gesprochen, an der Hand nimmt und mich durch die Schwierigkeiten des Lebens führt. Ich hatte den Wunsch, dass er väterlich ist, aber ohne körperlichen Kontakt. Ich hätte mir emotionale und intellektuelle Übereinstimmung gewünscht. Vor Körperkontakten hatte ich Angst. In dieser Zeit auch in Bezug auf andere Männer. Ich fand es furchtbar peinlich, die Schuhe auszuziehen und dann so nackt zu sein. Das Handgeben am Anfang war mir wichtig. Das fand ich sehr schön, aber gleichzeitig auch unangenehm. Meine Hände waren immer ganz nass und seine waren trocken, das fand ich peinlich. Also, irgendwie wollte ich ihm die Hand geben und irgendwie auch wieder nicht.

Wann, glauben Sie, hat Ihnen Ihr Analytiker am meisten geholfen?

Indem er sich nicht von mir in einen Strudel negativer Gedanken und Emotionen hat hineinziehen lassen, sondern dagegen seine gleich bleibende, jedenfalls schien es mir so, Vitalität setzte. Insgesamt, durch das, was man so allgemein »korrigierende emotionale Erfahrung nennt«.
Seine Stimme war mir sehr wichtig. Ich habe zu der Zeit gerade Marcel Proust: »Auf der Suche nach der verlorenen Zeit« gelesen. Ich habe sehr auf seine Wortwahl geachtet, besonders auch, ob seine Stimmlage zu dem gepasst hat, was er inhaltlich sagte. Manchmal habe ich ver-

sucht, meine Stimmlage oder die Artikulation seiner anzupassen. *(Körpersynchronisierungsvorgänge, MK)*

Hat sich an Ihren körperlichen oder psychischen Beschwerden etwas verändert?

Ja. Auf der körperlichen Ebene hat sich mein Antrieb gesteigert. Meine Infektanfälligkeit ist besser geworden und meine Magen- und Darmbeschwerden auch. Psychisch habe ich mich auch wesentlich stabilisiert und konnte aufkeimende Krisen besser meistern.

Haben Sie sich in manchen Situationen ganz besonders von Ihrem Analytiker verstanden gefühlt, und können Sie dafür ein Beispiel geben?

Ja. In Situationen, die mit Aggressionen oder Durchsetzung verbunden waren. Er verstand immer sehr gut, wann und warum ich ärgerlich war. Z. B. hat er gut verstanden, wenn ich in meiner Beziehung einen Jähzornanfall bekommen hatte. Seine Deutungen waren dann auch immer besonders stimmig für mich, und mein Analytiker schien dabei auch am freiesten zu sein.

Gab es Situationen, in denen Sie sich sehr unverstanden gefühlt haben, und würden Sie dafür ein Beispiel geben?

Da wurde viel geredet, sehr intellektuell. Es hat mich gestört, keine Rückmeldung zu kriegen, weil ich ja auf der Couch gelegen habe. Ich wollte immer wissen, was wirklich passiert, wenn ich was sage. In seinem Gesicht, in seinen Augen wollte ich das lesen. Ich hätte gern gesehen, ob er von meinen Kindheitserlebnissen berührt wird. Ob er entsetzt ist. Ich hätte gern gesessen und ihn angesehen.

Das war alles so unangenehm. Ich habe dann die Flucht nach vorn angetreten und dauernd irgendwas erzählt. Einfach um irgendwas zu sagen. Aber aus Enttäuschung habe ich ihm dann gar nichts Richtiges mitgeteilt. Ich habe immer gefürchtet, dass es den Verlust seiner Zuneigung bedeutet, weil er nie irgendetwas Gefühlsmäßiges gesagt hat. Nach 220 Stunden habe ich die Analyse abgebrochen, weil ich das Gefühl hatte, dass mir das überhaupt nichts bringt. Dr. R. war der gleichen Meinung. Er schlug dann eine höhere Stundenfrequenz vor, aber noch mehr Stunden in dieser Art wollte ich nicht haben. Der konnte wohl nicht richtig mit meiner Krankheit umgehen. Dr. R. hat mich wohl auch falsch eingeschätzt; er hat zu vieles nicht richtig verstanden, das war dann das Ende meiner Analyse.

Hat Ihr Analytiker jemals über sich selbst gesprochen, seine Gefühle zu Ihnen, seine Familie oder seine Lebensgeschichte?

Nein. Oder nur sehr spärlich. Er äußerte nur selten expressis verbis seine Gefühle, das hat mir sehr gefehlt. Ich habe dann immer versucht, aus anderen Informationen auf seine momentanen Gefühle zu schließen. Das fand ich ziemlich schwierig und anstrengend. Über seine Familie oder Lebensgeschichte erfuhr ich praktisch nichts. Er antwortete nur auf Fragen, z. B. wie alt er sei oder welche Ausbildung er habe.

Wirkfaktoren

Augen-Blicke – Blick-Kontakt: Mimische Indikatoren in analytischen Dyaden

In der vorliegenden Arbeit versuche ich *die* Komponenten herauszufinden, die in der Psychoanalyse von Frühgestörten den größten Einfluss haben. Hierbei ist es auffällig, dass es in allen Interviews *signifikant* häufig zu Aussagen kommt, die das Ansehen bzw. das Angesehenwerden betreffen.

In der alltäglichen Kommunikation wird der Blickkontakt umso peinlicher erlebt, je geringer die Entfernung zwischen den Personen ist. In den Analysen meiner frühgestörten Interviewpartner wird der Blickkontakt mit dem Analytiker jedoch gravierend anders wahrgenommen. Nach dem elterlichen Holocaust, der Extremtraumatisierung in frühester Kindheit und Adoleszenz, steht bei ihnen immer nur die eine Sache im Mittelpunkt der analytischen Szene: Wie überlebe ich das Überleben? Hierbei spielen die Aufnahme und das Aufrechterhalten des Blickkontaktes eine entscheidende Rolle. Die visuelle Kommunikation wird bei diesen Patienten ein wichtiges Medium zur Rekonstruktion von Objektbeziehungen. Durch intensives Anschauen des Analytikers, durch zärtliche, zwingende Blicke eignen sie sich das Liebesobjekt gewissermaßen an.

Gegenständliche und symbolische Aneignungsprozesse geschehen durch den Blick und besonders den Widerblick des Analytikers. Die Reduktion der Sinnlichkeit des Pa-

tienten auf die visuelle Wahrnehmung mindert die Spontanität und führt zu einer Art »reflektierten Regression«. In einem für beide Teile, Analytiker wie Analysanden, zermürbenden und langsamen Prozess erwirbt der frühgestörte Patient das Gefühl einer kontinuierlichen, tragenden Existenz. In dieser Phase der Analyse, die häufig Jahre andauert, treten die Deutungen zunächst in den Hintergrund des analytischen Geschehens. Die Deutungsarbeit gewinnt wieder an Gewicht, wenn es dem Patienten gelingt, die geistige und seelische Präsenz des Analytikers auf halluzinatorische Weise herbeizuführen.
Das blickerwidernde Lächeln des Analytikers ist für die Patienten mit schweren Persönlichkeitsstörungen die einzige Möglichkeit, die katastrophale Nachwirkung affektiver Traumata in frühester Kindheit zu mindern.
Meine Interviewpartner verhalten sich in ihren analytischen Dyaden so wie manche Säuglinge, wenn die Mutter in der frühen Kommunikation relativ oder völlig versagt. Sie geben die Hoffnung nie auf und versuchen mittels ihres intensiven Ansehens die Mutter (den Analytiker) für sich zu gewinnen. Sie beobachten aufmerksam den ständig wechselnden Gesichtsausdruck immer in der Angst, ein Unheil würde ihnen drohen, wenn die Mimik sich verändert. Hierzu möchte ich zwei Beispiele aus den Interviews mit Mischa und Axel anführen.

> »... ich wollte immer unbedingt von ihr angesehen werden. Meine Mutter hat mich nie richtig angesehen, ich meine, mir so richtig in die Augen gesehen, wie Mütter das normalerweise tun. Ich liege da auf der Couch, obwohl ich lieber sitzen würde. Mir fehlt der Augenkontakt, weil bei mir die Augen ein Vehikel zur Kontaktaufnahme sind. Außerdem brauche ich den Augen-

kontakt zum Aufrechterhalten von Gefühlen, besonders bei den unangenehmen Sachen. Wenn die Stunde zu Ende ist, stehe ich ganz abrupt auf, da wird mir immer ganz schwindlig. Zu viel darf man von der Mutter nicht wegnehmen, sonst kommt sie in der nächsten Stunde nicht mehr wieder.«

»Von großer Bedeutung ist, wie der mich anguckt, verständnisvoll oder gleichgültig. Ich habe oft so ganz mitfühlende Blicke von ihm bekommen, er guckt mich dann total offen und weich an; beim Anfang oder Abschied. Wenn ich etwas Positives erzähle, würde ich das auch ganz gerne mitkriegen, wie der mich dann ansieht. Aber ich liege ja, deshalb kann ich das leider nicht sehen. Wenn ich was Negatives erzähle, hätte ich dann aber Angst vor seiner Augenreaktion. Ich glaube, dass er mich mit dem Blick nicht betrügt, sein Blick ist was ganz Ehrliches. Meine Mutter hatte immer so einen hasserfüllten Blick, deshalb will ich jetzt Wiedergutmachung dafür mit seinem liebevollen Blick.«

»... Er kann sehr viel mit der Stimme machen. Insbesondere fällt mir das auf, wenn wir beim Auf-Wiedersehen-Sagen Augenkontakt haben. Am Schluss kommt dann immer die Krönung für mich, dann ist alles zusammen, was ich will: Augen, Stimme, Hautkontakt.«

Das blickerwidernde Lächeln bildet nach Rene Spitz im Alter von drei Monaten den ersten Organisator. Mischa und Axel regredieren also zeitweilig auf das Strukturniveau eines Säuglings. Anders lässt sich ihre besondere

Vulnerabilität in diesem Punkt m. E. nicht interpretieren. Bei beiden Patienten handelt es sich um wirkliche Regressionen, keine hysterischen Umformungen oder Regressionen im Dienste der Abwehr. Mischa wie auch Axel perpetuieren in ihren regressiven Phasen die affektiven Traumen ihrer frühesten Kindheit. Sie sind beide verheiratete erwachsene Männer, die im Beruf ausgesprochen erfolgreich sind: Mischa als Kinderarzt, Axel als Autor von Kinderbüchern. Sie sind sensitiv schwernehmende Persönlichkeiten mit narzisstischer Charakterstörung. Wenn das analytische Klima förderlich ist und sie sich im Wesentlichen vom Analytiker verstanden und angenommen fühlen, rückt ihr zentraler Konflikt, die Vernachlässigung durch die Mutter, in das Zentrum der analytischen Szene. Das Antwortlächeln der Analytiker bewirkt eine emotionale Sättigung, der Blick und die Beruhigung durch den Klang der Stimme formen sich erstmals zu einer ganzen Gestalt. Axel drückt es sehr schön und stimmig aus:

> »Am Schluss kommt dann immer die Krönung
> für mich, dann ist alles zusammen, was ich will:
> Augen, Stimme, Hautkontakt.«

Besonders bedrohlich wird von allen Interviewpartnern eine äußerliche Veränderung des Analytikers oder aber der Wechsel des Settings erlebt (besonders vom Sitzen zum Liegen). Alle Veränderungen des libidinösen Objektes, und seien sie auch noch so winzig, werden mit Abwehr, Wut oder Regression beantwortet. Die Patienten fordern die volle Aufmerksamkeit des Analytikers, und Empathiestörungen verletzen sie in der Tiefe ihres Selbst. Auf die Frage, ob es eine Situation gegeben hätte, in der er sich besonders unverstanden gefühlt habe, antwortet Axel folgendermaßen:

»Ja, eine Situation, in der ich mich immer besonders unverstanden fühle, ist, wenn er Heuschnupfen hat. Das hat er ziemlich oft. Das stört mich dann beim Atmen, wenn ich ihn dann so hinter mir schniefen höre. Das stört dann meinen Atemrhythmus und auch meinen Herzschlag, ich komme dann irgendwie überhaupt nicht mehr mit. Da ist dann irgendwie so ein Bruch drin. Dann fühle ich mich mit ihm nicht übereinstimmend. Und das macht mich dann sehr wütend. Ich will so sein, wie er ist, und das ist dann unmöglich für mich. So, mich irgendwie mit ihm eins fühlen. Und das geht dann irgendwie nicht mehr.
Ein anderer Punkt ist, dass er während der Stunde oft Bonbons gelutscht hat. Ich höre dann hinter mir das Papier rascheln und sein Schmatzen und denke mir, das blöde Schwein. Wenn ich hier liege, hat der sich hier nicht anderweitig zu befriedigen. Manchmal trinkt er auch Kaffee und das Geschlürfe finde ich genauso schlimm. Ich hab über vier Jahre gebraucht, um diese Punkte anzusprechen. Seitdem gibt es keine Bonbons mehr während meiner Stunden und die Kaffeetasse wird vorher weggeräumt.«

Wir sehen in den Patientenbeispielen, was für ein komplexes Gebilde die visuelle Interaktion zwischen dem frühgestörten Patienten und dem Therapeuten sein kann. Der Patient versucht durch bestimmte Verhaltensweisen, die Mimik des Analytikers zu verändern, ja zu manipulieren. Den Patienten gelingt es häufig, die Dauer und den Rhythmus des Blickkontaktes für sich zu gestalten, dadurch bringen sie eine vielschichtige Interaktion zustande, die durch wechselseitige Regulierungsvorgänge gekennzeichnet ist. Hier erkennen wir, wie feinfühlig und sensibel Patienten mit präödipalen Störungen aufgrund ihrer schweren Verletzungen sind, wie vulnerabel und anfällig daher auch ihre außeranalytischen Beziehungen sein können.

Der britische Kinderpsychiater K. S. Robson fand in seinen umfangreichen Studien über das frühe Säuglingsalter heraus, dass sich Mütter, die blinde Babys geboren hatten, von ihnen abgelehnt fühlten, wenn sie nicht wussten, dass die Babys blind waren. Nachdem es ihnen mitgeteilt worden war, bemühten sie sich, den Säugling über andere Sinnesmodalitäten zu erreichen. Die Untersuchung beweist, dass die Mütter als erstes versuchten, eine Beziehung über die visuelle Interaktion herzustellen. Dieses Phänomen deckt sich exakt mit meiner Erforschung der Verhaltensweisen der frühgestörten Interviewpartner. Erst wenn es nicht möglich ist, den Blickkontakt mit dem Analytiker herzustellen, z. B. bei liegendem Setting, weichen sie auf andere Sinnesmodalitäten, wie die Stimme, aus. Für sie verklärt sich der Blick der Mutter zu einem Mythos: Er wird zu einer geliebten und gehassten Erinnerung, ein ambivalent erlebtes Spiel gegenseitiger Blickkontakte. Ob diese Erinnerungen noch viel mit der Realität gemein haben, ob sie Deckerinnerungen sind oder eine Ausgeburt ihrer Phantasie, bleibt unklar und ist außerdem völlig nebensächlich.

In der vorliegenden Arbeit wird deutlich, dass die Patienten versuchen, das Gesicht des Analytikers möglichst lange im Auge zu behalten. Dieses Blickverhalten wird zum vorherrschenden Modus der Kontaktaufnahme. Die Intensität hängt dabei m. E. vom Schweregrad der Störung ab sowie von der Art und Weise, wie sie vom Analytiker erwidert wird bzw. das Setting es zulässt. Von dreien der behandelnden Analytiker wird berichtet, dass sie sich von den Versuchen der Analysanden, durch Blickaufnahme einen Bezug herzustellen, in besonderer Weise herausgefordert fühlen: Zwei der Analytiker »adoptierten« ihre Patienten gewissermaßen, beide Male in weiblichen Dyaden. Ein männlicher Analytiker fühlte sich dagegen von seinem männlichen Analysanden (Willi) bedroht:

> »Es ist, als würde er mir den Fehdehandschuh hinwerfen.«

Robson befragte 50 Mütter von Neugeborenen, wann sie zum ersten Mal Liebe für das Baby empfunden hatten, und sie gaben an, dass es der Augenblick war, in dem das Baby sie das erste Mal bewusst anschaute. Die Mütter erklärten, dass das Baby in diesem Moment zu einer eigenständigen Persönlichkeit wurde und sich eine tiefe Zuneigung zu ihnen entwickelte.

Die vorliegende Arbeit untersucht die nonverbalen Faktoren der Kommunikation in der Analyse von 10 präödipal gestörten Patienten. Hierbei ergibt sich analog zum Verhalten des Säuglings, dass der Blickkontakt neben der Stimme das vorherrschende Medium der Kommunikation ist und es für die Dauer des ganzen Lebens auch bleibt. Hierzu möchte ich gerne das Beispiel einer weiblichen Patientin anführen, die Antwort von Rita auf die Frage 8 des Interviews.

Haben Sie sich in manchen Situationen ganz besonders von Ihrem Analytiker verstanden gefühlt und können Sie dafür ein Beispiel geben?

> »Ja, das war die Sache mit der Couch. Ich wollte partout nicht auf der Couch liegen, weil er dann

hinter mir sitzen würde und ich dann seine Mimik nicht sehen kann. Dann verliere ich die Kontrolle oder der fällt über mich her oder so. Das hat er völlig verstanden. Ich habe die ganze Zeit gesessen. Wenn er sich neben die Couch gesetzt hätte und ich hätte ihn ansehen können und er mich, dann hätte ich das vielleicht ganz schön gefunden. Der Blick war mir nämlich ganz wichtig. Wenn er mich anschaute, hatte ich das Gefühl, ernst genommen zu werden.«

(Rita wurde im Alter von 8 Jahren von ihrem Vater sexuell missbraucht. Die Mutter und der ältere Bruder haben dabei zugesehen! M.K.)
Und dann noch ein Beispiel aus einer der männlichen Dyaden, Willis Antwort auf die Frage 9.

Gab es Situationen, in denen Sie sich sehr unverstanden gefühlt haben, und würden Sie dafür ein Beispiel geben?

»Da wurde viel geredet, sehr intellektuell. Es hat mich gestört, keine Rückmeldung zu kriegen, weil ich ja auf der Couch gelegen habe. Ich wollte immer wissen, was wirklich passiert, wenn ich was sage. In seinem Gesicht, in seinen Augen wollte ich das lesen. Ich hätte gern gesehen, ob er von meinen Kindheitserlebnissen berührt wird. Ob er entsetzt ist. Ich hätte gern gesessen und ihn angesehen. Das war alles so unangenehm. Ich habe dann die Flucht nach vorn angetreten und dauernd irgendwas erzählt. Einfach um irgendwas zu sagen. Aber aus Enttäuschung habe ich ihm dann gar nichts Richtiges mitgeteilt. Ich habe immer gefürchtet, dass es den Verlust seiner Zuneigung bedeutet, weil er nie irgendetwas Gefühlsmäßiges gesagt hat. Nach 220 Stunden habe ich die Analyse abgebrochen, weil ich das Gefühl hatte, dass mir das überhaupt nichts bringt. Dr. R. war der gleichen Meinung. Er schlug dann eine höhere Stundenfrequenz vor, aber noch mehr Stunden in dieser Art wollte ich nicht haben. Der konnte wohl nicht richtig mit meiner Krankheit umgehen. Dr. R. hat mich wohl auch falsch eingeschätzt; er hat zu vieles nicht richtig verstanden, das war dann das Ende meiner Analyse.«

Die Aussagen der behandelnden Analytiker zeigen aber auch, dass das Blickverhalten der Patienten durchaus ambivalent erlebt wird, also teilweise auch als Aggression, als Akt der Introjektion im engen Sinne. Die Analytiker fühlen sich einverleibt, eingesogen und bei strukturell ichschwachen Analytikerpersönlichkeiten ausgelöscht. Die Mehrzahl der Therapeuten jedoch spiegelt den Patienten in adäquater Weise und fühlt wie diese die immense Faszination, die Intensität, die Intimität. Die Intimität wird als unvergleichlich höher beschrieben, als dies bei ausschließlich verbaler Kommunikation und liegendem Setting möglich ist. Einige Interviewpartner gehen dann völlig in der analytischen Dyade auf und machen außergewöhnliche Regressionen durch, die teilweise förderlich sind, aber für den Therapeuten außerordentlich schwierig zu handhaben. Sie sind langwierig und können in extremen Fällen zu hartnäckigen Widerständen werden. Die Spiegelfunktion verlangt dem Analytiker immens viel ab, den Blick des Analysanden immer wieder aufzunehmen, ist anstrengend. So zeichnet sich auch das affektive Klima dieser Analysen durch das besondere Bindungsverhalten von beiden Seiten aus. Die Patienten zeigen allgemein eine wachere Physiognomie, das Gesicht als Spiegel der Seele.

Der Objekthunger der Interviewpartner scheint unersättlich. Wie bei einem Exibitionisten werden der Glanz und das Erschrecken in den Augen der Mutter gesucht. Wichtig allein ist die Berührung. Das Berührtwerden des Analytikers durch den Blick des Patienten. Der exzessive Hunger wird im Ansehen des Analytikers jedoch nur scheinbar gestillt, bloßes Ansehen allein macht nicht wirklich satt. Es ist nur die Droge, von der der Patient glaubt, abhängig zu sein. Die meisten Interviewpartner sind sich dieser Tatsache voll bewusst, doch gelingt ihnen das »Aufsteigen« von der paranoiden in die depressive Position nicht. (Melanie Klein 1934 in: A Contribution to the Psychogenesis of Manic-Depressiv States)

Der Widerblick des Analytikers formt bei dem Patienten erstmals ein kongruentes Bild seines Selbst. Erst danach kann damit begonnen werden, sie mit Deutungen zu konfrontieren. Ein Leben lang bewegten sich die Interviewpartner in einem unintegrierten Zustand, der langsam von einem integrierten abgelöst wird. Hierzu möchte ich ein Beispiel aus dem Interview mit Dagmar anführen.

4. Hatten Sie manchmal das Gefühl, dass Sie Wünsche hatten, die Sie als Kind Ihren Eltern gegenüber hatten?

> »Ja, er ist für mich wie mein Vater, ich hatte den Wunsch, mit ihm emotional vertraut zu werden, ich hatte den Wunsch nach emotionaler Zuverlässigkeit. Den hat er mir erfüllt. Er hat mir das Gefühl gegeben, dass er sich für mich interessiert, dass er sich für meine Sache interessiert. Er war emotional präsent, er hat mich ernst ge-

> nommen. Er war behutsam. Die Worte waren nicht das Entscheidende, sondern die Feinheiten, z. B. seine Kopfhaltung, Augen groß, Nuancen im Blickkontakt.
> Er benennt Eigenschaften von mir, dabei werden seine Augen groß. Es ist die Kombination aus der Art des Blickes und er muss währenddessen eine Eigenschaft von mir benennen. Das gibt mir die Möglichkeit, zu ihm echten emotionalen Kontakt aufzunehmen. Das Wichtigste waren sein Gesicht und der Augenausdruck. Es fand nie eine Berührung statt, das habe ich auch nicht gesucht. Ich wollte seine Seele spüren, ich glaube, das waren sehr viele Kinderwünsche.«

Und schließlich noch die Antwort von Heide auf die Frage zwei des Interviews:
Hatten Sie auch in Krisen das Gefühl, von Ihrem Analytiker verstanden zu werden?

> »Ja, in meiner religiösen Krise hat er mir geholfen. In meiner Beziehungskrise auch. Am wichtigsten war seine körperliche Präsenz. Seine Körperhaltung war mir zugewandt, er war konzentriert, hatte einen ernsten Gesichtsausdruck mit großen, offenen Augen. Dann habe ich mich immer sehr von ihm verstanden gefühlt.«

In der Zusammenschau aller Aussagen der Interviewpartner ergibt sich ein recht eindeutiges Bild. Die Phantasien der Patienten werden maßgeblich von unbewussten Verschmelzungswünschen bestimmt, die ihr emotionales Korrelat im heftigen Wunsch nach Blickkontakt mit dem Analytiker haben. Die visuelle Kommunikation wird herangezogen, um ihre frei flottierenden Ängste zu bannen.

In absentia des Liebesobjektes, wenn der Blickkontakt nicht möglich ist, wird ihr inneres Bild des Analytikers brüchig und ihr Objekthunger übermächtig. Die Abstraktionsbereitschaft vom Analytiker als Objekt ist bei den Patienten noch nicht genügend ausgebildet. Durch den Blickkontakt wird die Ich-Identität jedoch gestärkt und die Lokalisierung des Selbst vorangetrieben. Dadurch wird dem Patienten die Übertragung von in der Analyse sinnlich erfahrenen menschlichen Eigenschaften auf das außeranalytische Feld ermöglicht. Zwischen permanenter Angst und neuen positiven Erfahrungen oszillierend wird es ihnen langsam möglich, konstruktive Objektbeziehungen auch außerhalb der Analyse einzugehen. Dies sind keine l'art-pour-l'art-Analysen, es sind l'art-pour-l'homme-Analysen, psychische Lebensrettungen. Das Alternieren von Gefühlen der Wut und Angst in Bezug auf den Analytiker schwächt sich langsam ab, das destruktive Agieren außerhalb der Analysen wird in die Dyade eingebracht.

Mit seismographischer Sensibilität reagieren die Patienten auf die normalen Schwankungen in der Übertragungsbeziehung; durch ihre infantile Abhängigkeit wird die Handhabung der Gegenübertragung zum Drahtseilakt für den Therapeuten. Abschließend lässt sich feststellen, dass es für die frühgestörten Patienten immens schwierig ist, aufzusteigen vom Stadium der einverleibenden, aufsaugenden, oralen Objektbeziehung, dem Stadium der infantilen Abhängigkeit und paranoiden Ängste zu einer reifen Abhängigkeit, einer ganzheitlichen Objektbeziehung, in der die Spaltung von Gut und Böse aufgehoben ist. (Fairbairn)

Der Blick des anderen, des Analytikers, kann wesentlich dazu beitragen, die Spaltung zu überwinden und von Formen der infantilen Abhängigkeit zu reiferen zu gelangen.

Symbiotische Phantasien als kurativer Faktor bei der Behandlung narzisstischer Persönlichkeitsstörungen

Kann man aufgrund des ubiquitären Vorkommens symbiotischer Phantasien in der Analyse von Narzissten auf deren Wirksamkeit als therapeutisches Agens schließen? Sehen wir uns dazu diesen Begriff etwas genauer an. Dieser, von Analytikern wie Analysanden ständig verwendete und überstrapazierte Begriff findet sich in keinem der gängigen psychoanalytischen Lehrbücher. Ich suche ihn vergeblich bei Laplanche/Pontalis ebenso wie bei Kutter und bei Greenson. Offenbar gehört dieser Terminus nicht zum gängigen psychoanalytischen Gedankengut. *(! M. K.)*
Schließlich finde ich ihn bei Kohut, der in seiner luziden Art und Weise ausführt:

> »Ich meine die Behauptung, dass ein Schritt von der Abhängigkeit (Symbiose) zur Unabhängigkeit (Autonomie) eine Unmöglichkeit ist und dass die Entwicklungsschritte des normalen psychologischen Lebens in der sich wandelnden Natur der Beziehungen zwischen dem Selbst und seinen Selbstobjekten gesehen werden müssen – nicht als Ersetzung der Selbstobjekte durch Liebesobjekte, nicht als Schritt vom Narzissmus zur Objektliebe.«

(Kohut 1984)
Ich selbst sehe Symbiose als Wunsch, mit dem anderen zu verschmelzen, sich mit ihm zu vereinigen. Ein Wunsch jedoch, der immer binär ist: Die Sucht nach der Vereinigung mit dem geliebten und bewunderten Objekt und gleichzeitig die grenzenlose Angst, von ihm verschlungen zu werden.

Bei meinen Interviewpartnern ließen sich in allen Fällen eine Fülle von Phantasien nachweisen, die Verschmelzungswünsche mit dem Analytiker zum Inhalt hatten. Am häufigsten traf ich dieses Phänomen bei den weiblichen Dyaden an, d. h. bei der Kombination von weiblichen Patienten und Analytikerinnen wie bei Mara, Heide und Gabi. Sicher fordert die Mutter als Analytikerin zu diesen Phantasien in besonderem Masse heraus. Beschäftigen wir uns zunächst mit den Phantasien der Patientin Mara. Sie gibt sehr bereitwillig auch intime Phantasien preis, aus deren Fülle ich vier Beispiele ausgewählt habe.

> »... Sie atmet heute so schnell, so flach, so unregelmäßig. Sonst ist ihr Atem tief und gleichmäßig. Ich bin beunruhigt. Sie muss krank sein. Ich versuche, nicht darauf zu achten. Das geht auch nicht. Ich versuche, meine Atemzüge ihren anzugleichen, das ist schwierig. Dabei spreche ich, Hauptsache sie hört die Worte, ist abgelenkt. Ich schaffe es nicht. Zu sprechen, ihre Atmung zu kontrollieren und meine, das ist zu viel. In den Gesprächspausen schnappe ich nach Luft, wie eine Ertrinkende. Ich versuche mich zu beruhigen, auf ihre Worte zu hören, nicht ihrem Atem zu lauschen. Ich bin erschöpft, bin so müde, möchte einschlafen, alles vergessen. Aber sie soll dabei sein, meine Hand halten, nahe bei mir sitzen, meinen Schlaf bewachen.«

Die Patientin lebt mit ihrer Analytikerin eine frühe Mutter-Kind-Beziehung. Gelingt es ihr nicht, die ersehnte Symbiose herzustellen, regrediert sie auf ein Stadium, das Bela Grunberger als narzisstische Triade bezeichnet: Schlafen, Essen und Gegessenwerden. In diesem Fall regrediert sie auf die Ebene des Schlafs. Auch in der Regression ist sie nicht von psychotischer Dekompensation bedroht, denn das Band mit der Analytikerin bleibt erhalten. Das drückt sich aus in der Phantasie, von der Analytikerin im Schlaf bewacht zu werden. Die positive Übertragung, respektive die Idealisierung, ermöglichen ihr die Regression auf das Stadium der Abhängigkeit, das Stadium der schmerzlichen Erfahrungen, die das Trauma einleiteten. Diese Sucht nach grenzenloser Erfüllung ihrer symbiotischen Wünsche wird kompensiert durch exzessive symbiotische Phantasien (halluzinatorische Wunscherfüllung).

Mara leidet unter extremem Trennungsschmerz, der sich bei kürzeren Trennungen in Angst und Unsicherheit ausdrückt, bei längeren Trennungen in Fragmentierungsangstanfällen gipfelt. Im Falle der Trennung von der Analytikerin oder der Kränkung des Narzissmus der Patientin reagiert sie nicht etwa mit Aggression, sondern mit stummem depressivem Rückzug, wie er auch von Balint beschrieben wurde (Balint 1968).

Die zweite Phantasie von Mara hat die Stimme der Analytikerin zum Inhalt:

> »... Ihre Stimme. Sie singt und streichelt. Nur ihre Stimme ist noch da. Der ganze Raum versinkt im Nebel, wird konturlos. Nur sie bleibt da und ihre Stimme, leise und sanft. Mein Körper ist eine offene Wunde, eine einzige wunde Fläche. Ihre Stimme bedeckt ihn ganz. Wie Öl tröpfelt ihre Stimme in die vielen Wunden, und die Schmerzen hören auf.
>
> Hoffentlich hört sie nie mehr auf zu reden. Die Worte verstehe ich nicht, der Inhalt ist so unwichtig, nur dieser gleichmäßige Klang, der ist da.
>
> Auf einmal hört sie auf zu reden, die Stimme ist

weg. Der Raum ist wieder da und die Angst, die bodenlose Angst kehrt zurück. Und mit ihr die Schmerzen.«

Diese Phantasie von Mara macht deutlich, wie sehr die Patientin es genießt, von der Stimme der Analytikerin eingehüllt zu werden. Diese verbale Umhüllung ist es, nach der sie sich sehnt, und die sie oft auch findet:

»Die Worte verstehe ich nicht, nur dieser gleichmäßige Klang ist da.«

Der Klang der Worte stellt für sie einen Ersatz der mütterlichen Stimme in ihrer frühen Kindheit dar. Wenn die Analytikerin aufhört zu sprechen, fühlt sich die Patientin aus dem symbiotischen Paradies verstoßen und reagiert darauf mit Fragmentierungsangst. Der Klang der Stimme wird hier als orale Stimulation empfunden, ist Fütterung, ist Antwort auf das Saugen.

Die symbiotischen Phantasien kann man als den Versuch auffassen, die Risse in der tief verletzten Psyche zu kitten. Demnach handelt es sich um einen narzisstischen Restitutionsversuch. Von großer Bedeutung erscheint mir auch die Wirkung auf die physischen Beschwerden der Patientin zu sein.

Wenn die Stimme aufhört zu sprechen, kehren ihre Schmerzen zurück. Ist dies nicht ein Hinweis darauf, dass die Ursache ihrer schweren Erkrankung auch in der mangelnden Fürsorge durch die Mutter zu suchen ist?

Die wichtigsten Eigenschaften der Analytikerin sind für diese Patientin die physische Präsenz, der Stimmklang und die Phantasien über die Haut. Und sind es nicht genau diese Qualitäten, die Säuglinge entbehren müssen, wenn sie nach der Trennung von der Mutter mit einer anaklitischen Depression reagieren?

> »... Sie sagte »wir«. Wir heißt, »Du« und »Ich«. Das ist die Verbindung zu ihr, zu ihrer Welt. Aus dieser Stunde weiß ich nur noch, dass sie zweimal »wir« sagte. Dieses »wir« wird mir helfen, das Wochenende zu überleben. Ich bin genug Person, genug Mensch, um von jemandem einbezogen zu werden.
> Ich werde nicht übergangen und totgeschwiegen. Es gibt mich, obwohl meine Mutter mich nicht wollte. Sie (die Analytikerin, M. K.) macht aus mir eine Person, die es gibt. Einen Menschen, der einen Wert hat für einen anderen Menschen. Der eine Beziehung zu einem anderen haben kann. – Du und Ich. Wir.«

Wenn wir davon ausgehen, dass die Übertragung ihre Basis in der physischen Abhängigkeit des Säuglings von der Mutter hat, erscheint die Übertragung in diesem Fall sehr ursprünglich und archaisch. Ihre Anklammerung an die Analytikerin hat etwas Verzweifeltes. Sie erscheint ihr als der Garant für ihr physisches und psychisches Überleben. Die frühe Mutter-Kind-Beziehung, die sie mit der Analytikerin lebt, gewährt ihr halluzinatorisch Schutz vor Zerfall und Auflösung. Die Beziehung hat ihre Wurzeln in der körperlichen Abhängigkeit von der Analytikerin oder besser gesagt in ihrer körperlichen Präsenz. Die Analytikerin kann von ihr noch nicht im Sinne eines Übergangsobjektes benutzt werden, dazu sind ihr die Grenzen noch zu diffus. Das Benutzen der Analytikerin-Mutter oder das Verwenden als Objekt, sei es nun als Übergangs- oder Selbstobjekt, würde das idealisierte Objekt seiner Allmacht berauben.
Im Falle der Introjektion des Objekts erschiene das der Patientin wie die Zerstörung der »nur guten Mutter«. Sie

wäre nicht mehr in der Lage, an der Omnipotenz der Mutter halluzinatorisch teilzuhaben. Das käme der Vernichtung des Objekts und damit auch ihrer Person gleich.

> »Wenn sie mich nicht weiter ansieht, werde ich sterben, das ist sicher. Ansehen und überleben, das ist eins. Ich gehe nicht auf die Couch, ich gehe nicht auf die Couch. Den Blickkontakt mit ihr zu verlieren, das ist der Tod. Saugend und eindringlich. Aber wer von uns saugt und wer dringt ein? Von ihr getrennt zu sein, ist nicht wie die Trennung von jemand anderem, es ist aufzuhören zu essen und zu atmen und zu sein. Die Zeit tröpfelt dahin, Minute um Minute und ist gar nicht da. Es gibt Zeit, in der sie da ist, und Zeit, in der sie weg ist – sonst nichts.«

»Aber wer saugt und wer dringt ein?« Die Phantasie von Mara zeigt, dass die Selbst- und Objektrepräsentanzen der Patientin nicht genügend getrennt sind, um zu unterscheiden, ob ihr oder der Analytikerin gewisse Mechanismen zuzuordnen sind. Eindringen heißt für sie, das Objekt zu verzehren, es zu gebrauchen. Dieses Gebrauchen kommt der Auflösung gleich, es ist verbunden mit der Angst auszulöschen, zu verlieren, zu vernichten. Dieses Phänomen wird bei Winnicott einfühlsam und klar beschrieben:

> »Unter günstigen Umständen wird eine Technik für die Lösung dieser komplexen Form der Ambivalenz aufgebaut. Der Säugling spürt Angst, denn wenn er die Mutter verzehrt, verliert er sie, aber diese Angst wird modifiziert durch den Umstand, dass der Säugling für die Umwelt-Mutter einen Beitrag leisten kann. Es wächst die Zuversicht, dass die Möglichkeit zur Mitwirkung gegeben sein wird, die darin be-

> steht, der Umwelt-Mutter etwas zu geben, und diese Zuversicht ermöglicht es dem Säugling, die Angst auszuhalten. Die auf diese Weise ausgehaltene Angst bekommt eine andere Qualität und wird zum Schuldgefühl.«

(Winnicott 1981)

In der Analytikerin sucht und findet Mara die Teile, die ihr fehlen, um sich sicher und kohärent zu fühlen. Und sind es nicht gerade die Frühgestörten, die sich danach sehnen, sich im Analytiker wiederzufinden, ihr beschädigtes Selbst einzuordnen, sich in der Psyche des Analytikers zu spiegeln? Gerade sie brauchen dringend Koordinaten, um sich zu orientieren, ihre rudimentär ausgebildeten Selbst- und Objektrepräsentanzen zu vervollständigen.

Ohne die physische Anwesenheit der Analytikerin ist die Patientin nicht in der Lage, ihren narzisstischen Grundtonus aufrechtzuerhalten. (Kohut passim) Mara kann sich noch nicht selbst die Liebe und Fürsorge geben, die sie von der Analytikerin empfängt. Sie ist in hohem Maße abhängig von der narzisstischen Zufuhr, die sie in der Analyse erhält und die sie durch mangelnde elterliche Zuwendung nicht introjizieren konnte.

Die Idealisierung der Analytikerin ist das Vehikel für sie, um wesentliche Ich-Funktionen von der Analytikerin quasi »auszuleihen«. Das einzig Wichtige für die Patientin scheint die frühe Symbiose mit der Analytikerin-Mutter zu sein, womit sie die Theorien Ferenczis und auch die seines Schülers Balint bestätigt:

> »Wenn von Beginn des Lebens an das Band zwischen Mutter und Kind unbefriedigend ist, wird das ganze übrige Leben in der manchmal vergeblichen Suche nach Wiederherstellung dieser versäumten Urform der Liebe bestehen. Für ihn ist die Urform der Liebe so zentral, dass der Narzissmus nur ein

> Umweg ist, um von sich selbst das zu erhalten, was die anderen nicht gegeben haben.«

(Balint 1935)

Die archaische Objektbeziehung von Mara entspricht auch der Position Kohuts insofern, als die Patientin neben dieser analytischen Beziehung durchaus auch befriedigende und relativ reife Beziehungen zu anderen Menschen unterhält, wie z.B. zu ihrem Ehemann und einigen Freundinnen. Dieses Phänomen bestätigt die These Kohuts, der 1984 erstmals ausführt:

> »Die Entwicklungen, die normales psychologisches Leben kennzeichnen, müssen unserer Meinung nach in der sich wandelnden Natur der Beziehung zwischen dem Selbst und seinen Selbstobjekten gesehen werden und nicht darin, dass das Selbst die Selbstobjekte aufgibt.«

(Kohut 1984)

Bei Mara, Heide und Gabi bestehen in allen drei Fällen langjährige Liebesbeziehungen und freundschaftliche Beziehungen zu Männern wie Frauen neben der Analyse fort. Die Theorie von der mangelnden Beziehungsfähigkeit von narzisstisch gestörten Patienten lässt sich meines Erachtens nicht aufrechterhalten. Also verläuft die Entwicklungslinie doch nicht vom Narzissmus zur Objektliebe, wie es Grunberger postuliert? Sondern es bleiben die Selbstobjekte und ihre Beziehung zu ihnen ein Leben lang bestehen, wie es Kohut vertritt?

Meine Interviewpartner scheinen die These Kohuts zu verifizieren. Sie entwickeln eindeutig narzisstische Übertragungen, sind aber trotzdem (oder deswegen?, M. K.) zu anderen intensiven Beziehungen fähig. Vielleicht ist das auch das Verdienst der behandelnden Analytikerinnen, die diesen Frauen genügend Selbstwertgefühl vermitteln, um die anderen Beziehungen aufrechterhalten zu können?

Die Analytikerinnen garantieren den Patientinnen das nar-

zisstische Gleichgewicht, das ihnen ausreichend Selbstwertgefühl vermittelt, um die anderen Beziehungen zu leben. Anders ausgedrückt: Macht die Analyse diese Frauen erst beziehungsfähig? Ist für Narzissten eine Voraussetzung für dauerhafte Beziehungen die haltgebende und stützende Beziehung zu einem Selbstobjekt?
Mara, Heide und Gabi bestätigen diese These insofern, als sie erst nach Beginn der Analyse wichtige Beziehungen eingingen. Das übersteigerte Auf und Ab, besonders in den Verbindungen zu Männern, scheint dann allmählich zu einer Wellenbewegung abzuflachen. Himmel und Hölle nähern sich einander an. Die Extreme von Grandiosität und Minderwertigkeitsgefühl bleiben bestehen, müssen aber nicht notwendigerweise am Liebespartner ausagiert werden. Aus einem vermeintlichen Prinzen wird ein sehr netter Mann, aus der brutalen Bestie einfach ein unangenehmer Mensch.
In der Analyse wird die Beziehungssucht dieser drei Frauen aufgefangen, die grenzenlose Einsamkeit ebenso, wie die ins Uferlose wuchernden Größenphantasien. Wenn die Analytikerin ihre Patientin liebevoll annimmt und es darüber hinaus auch noch versteht, ihr das zu vermitteln, bildet dieses Angenommensein die tragfähige Basis für andere, relativ reife Beziehungen.
Die Symbiose ist die früheste Manifestation der Mutter-Kind-Beziehung. Neben der Aggression und der Sexualität bestimmt sie die frühe Entwicklung des Kindes. Wenn die frühe Symbiose mit der Mutter mangelhaft war, bleibt der Patient an diesen Beziehungsmodus gebunden, d. h., es findet eine Fixierung an der Stelle statt, die die traumatische Entwicklung einleitete. Bei meinen Interviewpartnern ist dies zum überwiegenden Teil bereits im Bereich der frühen Symbiose der Fall. Die Schnittstelle, an der die normale Entwicklung unterbrochen wurde, ist bei Heide, Mara und

Gabi das ganz frühe Einssein mit der Mutter. In der Analyse leben ihre unerfüllten Bedürfnisse wieder auf: Regressive Beziehungswünsche an die Analytikerinnen und die nie gestillte Sehnsucht nach Verschmelzung treten an die erste Stelle in der Übertragung. In diesem Sinne sind die drei Frauen frühgestört im engen Sinn. Die Forderungen nach Autonomie und Sexualität treten dahinter weit zurück.
Mir drängt sich der Vergleich mit einem Verhungernden auf, den es bestimmt nicht nach Schokoladeneis und Scampi gelüstet, solange sein vital bedrohlicher Hunger nicht gestillt ist. Der Hunger nach Spiegelung und Widerhall ist so groß, dass aggressive Impulse gegenüber den Analytikerinnen entweder verdrängt werden oder gar nicht erst entstehen. Mehr als alles andere wird der »Glanz im Auge der Mutter« gesucht. (Kohut passim)
Werden diese symbiotischen Wünsche in der Analyse vom Analytiker abgewehrt und der Patient so massiv frustriert, kommt es zu Fragmentierungsangst mit den Gefühlen des Zerfallens und des Sichauflösens. Im Gegensatz zur Kontrollgruppe der Neurotiker, in der signifikant weniger symbiotische Phantasien auftreten als bei den Narzissten, ist der primäre Angstmodus bei den Frühgestörten immer die Desintegrationsangst. Bei den Neurotikern beherrscht die Kastrationsangst die analytische Szene. Alle Interviewpartner aus der Gruppe der narzisstisch gestörten Patienten gaben die Angst vor dem Sichauflösen als vorherrschend an. In den Zeiten, in denen die Frühgestörten von dieser Angst überflutet werden, trachten sie sich durch Phantasien zu beruhigen, die die Verschmelzung mit den Analytikern zum Inhalt hatte. Dieses geschieht durch bewusstes »Heranholen« der symbiotischen Phantasien. Ein typisches Beispiel hierfür ist Heide, die sich vor dem Einschlafen dieser Art der Beruhigung bedient. Im Interview sagt sie hierzu:

»Also, vor dem Einschlafen, da hab ich immer daran gedacht, dass sie jetzt da wäre. So ganz nah bei mir. Besonders wenn ich einen schlimmen Tag mit meiner Tochter gehabt habe, habe ich sie mir so herzitiert. Ich habe mir dann immer gewünscht, sie würde neben mir im Bett liegen und mich so von hinten umfassen. Besonders wenn mein Mann nicht da war, habe ich mich mit diesen Gedanken beruhigt.«

Kann man die symbiotischen Phantasien als das primum movens in diesen Analysen bezeichnen oder sind sie ein Zufallsprodukt, das nicht schadet, aber auch keinen Nutzen hat?
Entstehen sie notwendigerweise in jedem analytischen Prozess bei tief regredierten Frühgestörten?
Sicher ist, dass die Wünsche nach Verschmelzung mit den Analytikern bei meinen Interviewpartnern zu einem wichtigen Teil ihrer Persönlichkeit geworden sind, der ihrem fragmentierten Selbst in bedrohlich erscheinenden Situationen einen gewissen Halt gewährt.
In allen drei Fällen wird die Nähe der symbiotischen Regression zum Schlaf sichtbar. Der Schlaf hat bei Patienten mit hohem Frühstörungsanteil sowohl eine orale als auch eine narzisstische Komponente. Mara hegt die Phantasie, von der Analytikerin im Schlaf bewacht zu werden, Heide evoziert ihre symbiotischen Phantasien vor dem Einschlafen und Gabi phantasiert sich einen weichen Suizid, aus dem die Analytikerin sie dann rettet.
Der Schlaf stellt hier immer die imaginierte Verschmelzung mit dem bedürfnisbefriedigenden Objekt, also dem Analytiker, dar. Die Phantasien in den männlichen Dyaden, wie bei Axel, imponieren dagegen durch ihre Kör-

perlichkeit und Handfestigkeit, wie z. B. in der Phantasie von Axel:

> »Es gibt den Wunsch, mit ihm zu verschmelzen, mit seiner Haut Kontakt zu haben. Manchmal spüre ich ihn über die Haut. Wenn seine Stimme so kühl ist, dann merke ich das zuerst an meiner Haut. Die zieht sich dann zusammen und wird kalt. Wenn seine Stimme sanft ist, dann wird meine Haut am Rücken warm. Ich hatte mal eine Wunde, da hat er mir ein Pflaster gegeben. Das hat er mir aufgeklebt. Das war ganz toll für mich, das war ein halber Orgasmus [...]. Ich sauge ihn dann geradezu mit der Haut auf. Er verflüssigt sich irgendwie. Er ist irgendwo im Raum, wie Gott, das sauge ich dann auf wie ein Schwamm.«

Eine andere symbiotische Phantasie von Axel ist die folgende:

> »Ja, eine Situation, in der ich mich immer besonders unverstanden fühle, ist, wenn er Heuschnupfen hat. Das hat er ziemlich oft. Das stört mich dann beim Atmen, wenn ich ihn dann so hinter mir schniefen höre. Das stört dann meinen Atemrhythmus und auch meinen Herzschlag, ich komme dann irgendwie überhaupt nicht mehr mit. Da ist dann irgendwie so ein Bruch drin. Dann fühle ich mich mit ihm nicht übereinstimmend. Und das macht mich dann sehr wütend. Ich will so sein, wie er ist, und das ist dann unmöglich für mich. So, mich irgendwie mit ihm eins fühlen. Und das geht dann irgendwie nicht mehr.«

Die Verschmelzungsphantasien gehen jedoch auch hier immer auf die Kernkonflikte von Kleinheit, Hilflosigkeit und Ohnmachtsgefühlen zurück. Nun möchte ich noch Mischa zitieren, der bei einer Analytikerin in Behandlung ist.
Mischa ist sich seines Bedürfnisses nach körperlichem Kontakt durchaus bewusst, verleugnet es aber:

> »Außerdem empfinde ich mich als sehr hautkontaktbedürftig, unterdrücke das aber immer bei ihr. Also, ich finde sowieso, dass der Hautkontakt in der Analyse viel zu kurz kommt. So ab Ende des dritten Jahres war bei mir ein Grad von Vertrautheit erreicht, da hätte ich gerne etwas Hautkontakt gehabt.«

Während des ganzen Interviews streicht Mischa unablässig mit einer Hand an der Innenseite des Unterarmes entlang, ist sich dieser autoerotischen Betätigung offensichtlich nicht bewusst, denn als ich ihn daraufhin anspreche, weiß er nicht, was ich meine.
Insgesamt werden die symbiotischen Phantasien meiner Interviewpartner in den männlichen Dyaden eher abgewehrt und rationalisiert, bei den weiblichen eher zugelassen und sogar genossen.
Das Mosaik der Mutter, das sich das Kind bei normaler Entwicklung aus Blicken und Worten webt, ist in allen diesen Fällen bruchstückhaft geblieben. Es kann augenscheinlich nur vervollständigt werden durch die liebevolle Anwesenheit einer realen Person. Die pathologische Entwicklung suchen die erwachsenen Patienten durch exzessive Phantasiebildung zu kompensieren. Gefühle von Enttäuschungswut oder Vernichtungsangst gegenüber dem Analytiker können diese Phantasien vorübergehend hemmen, nehmen aber wieder bis zur vollen Höhe zu, sobald Wut oder Angst abflaut.

Können wir also davon ausgehen, dass die Patienten die wesentlichen Bedürfnisse des Säuglings in ihren Wünschen nach Verschmelzung mit dem Analytiker neu inszenieren? Ich denke ja. Diese elementaren Bedürfnisse werden von den verschiedenen analytischen Schulen unterschiedlich gewichtet und auch unterschiedlich benannt:
Donald Winnicott beschreibt sie als das Bedürfnis nach körperlicher Anwesenheit der Mutter, Melanie Klein als orales Bedürfnis und René Spitz als das Bedürfnis nach Nahrung. Marguerite Ribble nennt sie das Bedürfnis nach Kontakt mit der Mutter und Fairbairn spricht von den oralen Bedürfnissen.

An dieser Stelle scheint es lohnend, noch einmal den Begriff der Symbiose genauer anzusehen. Er wurde 1955 von Mahler und Gosliner in die psychoanalytische Theorie eingeführt. Mahler et al. beschreiben sie 1975 folgendermaßen:

> »The essential feature of symbiosis is hallucinatory or delusional, somatopsychic omnipotent fusion with the representation of the mother, and, in particular, the delusion of a common boundary of the two actually and physically separate individuals.«

Mahlers Konzept der Symbiose als einer Phase zwischen dem Autismus und der Loslösungs- und Individuationsphase ist in der letzten Zeit Ziel von zahlreichen Angriffen geworden. Heftig kritisiert sie z. B. Fred Pine in seinem ausgezeichneten Aufsatz »The Symbiotic Phase in Light of Current Infancy Research«. Er führt aus:

> »[…]« »symbiotic phase is no longer tenable. The argument is straightforward: The idea that an infant is unaware of the mother-infant boundary and experiences itself as merged with or undifferentiated from the mother simply is incompatible with the facts of early functioning of the infants perceptual and memory apparatuses. Though the argument is

> compelling, I should like to undertake a rejoinder here – one that, incidentally, will redefine our concept of all phases not just the so-called symbiotic phase.«

Auch bei Michael Robbins findet sich Kritik am Mahlerschen Symbiosekonzept. Eine zusammenfassende Übersicht von Lichtenbergs und Sterns Kritik an Mahler gibt Martin Dornes.

Doch zurück zu meinen empirischen Befunden. Alle meine Interviewpartner berichten von Verschmelzungsphantasien, die häufig ein Gefühl von Beruhigung hervorrufen, manchmal jedoch auch mit Angst einhergehen. Die Narzissten, die auch neurotische Anteile bzw. ein höheres Strukturniveau aufweisen, evozieren diese Phantasien bei Trennungen ganz bewusst und reagieren dann mit Gefühlen der Beruhigung oder gar Lust. Den Narzissten mit höherem Frühstörungsanteil und einem niedrigeren Strukturniveau drängen sich diese Phantasien häufig auf und machen ihnen Angst. Die symbiotischen Phantasien mobilisieren ihre Grundängste vor Auflösung und dem Verschwimmen ihrer fragilen Ich-Grenzen. Der Wunsch nach Verschmelzung ist hier immer binär, er geht mit der Angst einher, von dem Liebesobjekt verschlungen zu werden. Die Rückkehr des symbiotischen Liebesobjektes nach Trennungen, z. B. den Ferien des Analytikers, wird dann auch häufig mit Aggression beantwortet.

Von symbiotischen Phantasien bei schwerer gestörten Patienten berichtet auch Giovacchini 1972. Er hat jedoch eher den ängstigenden, weniger den beruhigenden oder lustvollen Anteil herausgearbeitet. Bei meinen Interviewpartnern sind die beruhigenden Aspekte eindeutig vorherrschend. Um den Analysanden die Verschmelzungsphantasien als lustvoll erleben zu lassen, muss der Analytiker in der Lage sein, Impulse nach Selbstständigkeit und eigenständigem Funktionieren eindeutig zu unterstützen und positiv zu bewerten. Gleichgültig, ob getrenntes Funktionieren dem Analysanden zum jetzigen Zeitpunkt schon möglich ist, und bei dem überwiegenden Teil meiner Interviewpartner ist das nicht der Fall, muss der Analytiker dieses Ziel als wünschenswert propagieren. Es ist klar, dass den Analytiker selbstständiges Funktionieren des Patienten weder mit Angst erfüllen noch Gefühle von Enttäuschung in ihm hervorrufen darf. Dies war verschiedentlich in den Analysen meiner Interviewpartner der Fall. Selbständigkeit wurde dann vom Patienten als Bedrohung empfunden.

In den Ferien des Analytikers erleben die Verschmelzungsphantasien bei den meisten Interviewpartnern eine Hoch-Zeit. (sic: Hochzeit! M. K.)

Mara hat kein konstantes inneres Bild der Mutter ausbilden können. In den Ferien geht ihr die Vorstellung von der Analytikerin-Mutter in Teilen verloren. Befriedigende Erfahrungen, die sie in der Analyse gemacht hat, konnte sie noch nicht verinnerlichen. Mit Hilfe von halluzinatorischer Wunscherfüllung und symbiotischen Phantasien gelingt es ihr nur in den ersten Tagen nach der Trennung von der Analytikerin, ihren narzisstischen Grundtonus aufrechtzuerhalten. Nach einigen Tagen dekompensiert sie, weil ihre Phantasien nicht mehr genügend Nahrung durch die Realität erhalten. Die halluzinatorische Wunscherfüllung ist neben der symbiotischen Phantasie die Maßnahme, die bei wachsender Triebspannung der Patienten herangezogen wird, um die Spannung zu mildern.

Die halluzinatorische Wunscherfüllung ist wie die symbiotische Phantasie ein sehr früher Mechanismus des Phantasierens bei schwer gestörten Patienten. Erhält die Halluzination von außen keine reale Hilfe oder wird der symbiotischen Phantasie gänzlich der Boden entzogen, verweigern die Patienten nicht selten die analytisch aufdeckende Arbeit. Es ist unerlässlich, den Patienten einen gewissen Nährboden für ihre Phantasien zu bieten, um auch bei schwer gestörten Patienten ein Arbeitsbündnis zu schaffen, respektive aufrechtzuerhalten. In diesem Sinne halte ich die symbiotischen Phantasien wie auch die halluzinatorische Wunscherfüllung für kurative Faktoren in jeder Analyse eines schwer gestörten Patienten.

Haut und Hautkontakt, Phantasien über die Haut

Die Waffe der Psychoanalyse ist das Wort. Das Hauptinstrumentarium, dessen sie sich bedient, ist die Deutung. Daher ist es ungewöhnlich, dass die nonverbalen Faktoren so einen hohen Stellenwert in den Aussagen erwachsener Analysanden einnehmen. Bei den von mir befragten narzisstisch gestörten Patienten finden sich signifikant mehr Aussagen und Phantasien über die Haut als bei den neurotischen Patienten. Dies verwundert umso mehr, als keiner der Patienten eine Erkrankung der Haut in der Vorgeschichte aufzuweisen hat. Keine der von mir durchgeführten Anamnesen ergab einen besonderen pathologischen Befund der Haut. Können wir daraus schließen, dass die besondere reale oder phantasierte Vulnerabilität der Haut ein Spezifikum bei frühgestörten Patienten darstellt? Ich denke ja.

Bei der Zusammenschau der empirischen Befunde finden wir eine Fülle von Aussagen und Phantasien über die Hautoberfläche, die umso bedeutsamer erscheinen, als sie so zahlreich sind.

Ich wende mich zunächst den Phantasien der Patientin Mara zu, die einerseits durch die Tiefe der Regression imponieren, andererseits durch die poetische und beinahe zärtliche Art der Darstellung.

> »Wie sich wohl ihre Haut anfühlt, zart oder rauh, feucht oder trocken, weich oder fest? Die Hand jedenfalls, die sie mir zur Begrüßung reicht, ist immer feucht. Mache ich ihr etwa Angst? Was es wohl für ein Gefühl sein würde, ihre Haut zu berühren, am Hals, an der Außen-

seite der Oberschenkel, am Bauch. Wie viel Ruhe läge darin, wie viel Wärme, wie viel Kraft. Während sie spricht, denke ich immer nur daran, wenn sie das wüsste! Wie ihre Worte verloren gehen im Raum und ich sie mühsam wiederfinden muss.

Aber ihre Haut, ihre Haut ist immer da. Wie sie wohl riecht, wie bei einem Baby, fruchtig und süß? Oder ganz sauber und rein, wie bei einer Frau, die sich gerade gewaschen hat?

Heute denke ich nur daran, mit ihrer Haut verbunden zu sein. Meine Haut an ihre Haut. Sie gehen ineinander über – untrennbar. Wo die eine beginnt und die andere endet, weiß ich nicht.

Wärme. Sie ist die Wärme für mich. Nur wenn sie ganz nah ist, ganz nah bei mir, gibt es Leben. Ihr Herz schlägt unter der Haut, ihr Busen hebt und senkt sich ganz sacht an dieser Stelle. Mein Blick saugt sich an ihrem Busen fest und nur dieses Leben ist von Bedeutung. Sie spricht zu mir, und ich denke nur an dieses Herz, dieses pulsierende Leben unter dieser warmen Haut. Ich will teilhaben an dieser Wärme, in ihre Haut schlüpfen, an ihrer Haut liegen.«

Die Phantasien dieser frühgestörten Patientin legen offen, dass sie auf einer Entwicklungsebene funktioniert, in der die Grenzen zwischen Selbst- und Objektrepräsentanzen verwischt sind, wie das häufig bei schwerer gestörten Patienten der Fall ist. Die Mutter-Kind-Dyade mit der Analytikerin ist für sie das Versuchsfeld für eine sich entwickelnde Mutter-Kind-Beziehung. Die Haut der Analytikerin stellt für Mara ein Partialobjekt im Sinne Melanie

Kleins dar. Die Haut wird in ihrer Phantasie mit beruhigenden, wärmenden und Leben spendenden Eigenschaften versehen.

Der Busen wird im Sinne Kleins als Teilobjekt erlebt, er ist symbolisches Äquivalent »für das Leben an sich«. (»Mein Blick saugt sich an ihrem Busen fest und nur dieses Leben ist von Bedeutung«.)

In Zeiten, in denen die Analytikerin »verfügbar« ist, gewähren die Phantasien über die Haut der Patientin einen gewissen Halt. Die Ferien der Analytikerin erlebt sie als ein »Verlassenwerden«, aus der »guten« Haut, respektive Brust wird eine »böse«.

Weil die Analytikerin ihr die schützende und beruhigende Haut in den Ferien »entzieht«, reagiert sie darauf mit Spaltung, in eine »gute anwesende« Mutter und eine »schlechte abwesende«. Die aggressiven Triebregungen, die sie ihrer realen Mutter gegenüber hegte, als diese sie immer wieder allein ließ, werden bei Abwesenheit der Analytikerin mobilisiert. Sie spaltet gute und böse Aspekte ihres Selbst ab und projiziert diese auf die Analytikerin.

Das Alternieren der Abwehrmechanismen von Spaltung und Projektion, von Melanie Klein als »projektive Identifikation« bezeichnet, wird von ihr benutzt, um die Angst zu bewältigen, die sie zu überschwemmen droht.

So wird Mara in die Lage versetzt, via projektiver Identifikation eine, wenn auch primitive, Objektbeziehung zu der Analytikerin aufrechtzuerhalten. Aufgrund mangelnder mütterlicher Zuwendung in der frühesten Kindheit sind die Selbst- und Objektrepräsentanzen von Mara nur mangelhaft integriert.

> »Durch schwere Frustrationen und dem damit verbundenen Überwiegen aggressiv bestimmter Selbst- und Objektimagines versucht nun das Kind die ge-

gensätzlichen Ich-Zustände durch Spaltung aktiv auseinanderzuhalten, um unerträgliche Konfliktzustände zwischen Liebe und Hass abzuwehren.«
(Kernberg, 1988, S. 193)
»Geschieht dies nicht, bleibt die projektive Identifizierung als dominierender Abwehrmechanismus erhalten, weil es nicht zu einer Synthese der ›total bösen‹ mit den ›total guten‹ Objektimagines gekommen ist. In der Folge kann sich kein integriertes Selbstkonzept entwickeln und die realistische Einschätzung der äußeren Objekte wird durch das Fortbestehen der aufgespaltenen inneren Objekte verunmöglicht.«
(Kernberg, 1988, S. 58)
Die dominierende Stellung des Wunsches nach Hautkontakt wird auch in den Aussagen von Gabi und Rita deutlich. Auf meine Frage 4 des Interviews:
»Hatten sie manchmal das Gefühl, dass Sie Wünsche hatten, die Sie als Kind Ihren Eltern gegenüber hatten?«, antwortet Gabi folgendermaßen:

»Also, also eines wollte ich immer, das war so ein längerer Händedruck am Anfang. *Einmal* (M. K.!) gab's das auch am Ende einer Stunde mit einem schlimmen Thema. Das fand ich sehr schön. Und einmal hat sie mit ihrer Hand meine Schulter berührt, das hab ich als sehr stützend empfunden.«

Das Bedürfnis, vom Analytiker »gehalten« zu werden, wird hier deutlich. Haltend im Sinne der von Winnicott beschriebenen holding function. Rita antwortet auf die Frage 10 des Interviews:

»Ja, über seine Ausbildung hat er schon gesprochen, auch über seine Gefühle zu mir. Am Ende

> der Analyse, also in der letzten Stunde, da hat er mich umarmt. Das gefiel mir, da habe ich so viel Oberfläche von mir erwischt.«
> (Patientin korrigiert sich in: »Da habe ich so viel Oberfläche von *ihm* erwischt.« M. K.!)

Aus Ritas Anamnese geht hervor, dass ihre Mutter durch eine psychische Krankheit daran gehindert wurde, ihr die Zuwendung zukommen zu lassen, der Rita bedurft hätte. Die Fähigkeit der Mutter, sie zu versorgen und zu halten, war so mangelhaft, dass sie Rita daran hinderte, eine kontinuierliche Beziehung zu der Mutter aufzunehmen. Nach Winnicott (1962) hängt die Integration des Ichs von den empathischen Fähigkeiten der Mutter in der frühesten Kindheit ab. Rita ist fähig, eine Bindung zum Analytiker aufzubauen, sie bleibt jedoch fixiert auf den Analytiker als Selbstobjekt. (Kohut 1984 passim) *(»Da habe ich soviel Oberfläche von ihm erwischt.«)*
Die ungenügende Antwort der Mutter auf Ritas Bedürfnisse nach Hautkontakt führte zu einer Störung in der Differenzierung von Ich und Nicht-Ich. Sie »verwechselt« die Oberfläche des Analytikers mit ihrer eigenen. Darauf deutet auch einer ihrer Träume hin. Einmal träumte sie, wie ein siamesischer Zwilling an der Seite mit dem Analytiker zusammengewachsen zu sein, sodass einer sich nicht vom anderen trennen konnte.
Beobachtungen von Phantasien über eine gemeinsame Haut finden wir bei Anzieu. (Anzieu 1991, S. 61 ff)
Dies erinnert mich an die Therapie eines eigenen Patienten, den zehnjährigen autistischen Robert. In einer sechs Jahre dauernden Therapie lernte er, mit mir über die Haut zu kommunizieren. Robert war jahrelang in einer geschlossenen Abteilung »verwahrt« worden. Er reagierte auf keine der gängigen therapeutischen Maßnahmen, war

mit der Etikettierung »unheilbar« zu seinen Eltern entlassen worden. Im Folgenden möchte ich in Kürze den Beginn von Roberts ungewöhnlicher Therapie skizzieren:
In den ersten 100 Stunden setzte ich mich zunächst neben ihn auf den Fußboden ohne ihn zu berühren. So verbrachten wir zweimal in der Woche 50 Minuten schweigend zusammen in einem Raum. Dabei unternahm ich keinerlei Interventionen und gab mich ganz meinen Phantasien hin. Nach einiger Zeit rückte Robert näher zu mir heran und begann mich ab und zu verstohlen zu mustern. Dieser erste Abschnitt der Therapie war sehr schwierig für mich. Ich fühlte mich so einsam zusammen mit einem Kind, das sich ganz in seine autistische Welt zurückgezogen hatte.
Als ich es nicht mehr auszuhalten glaubte, legte ich meine Hand mit der Innenseite nach oben zwischen uns, ohne ihn jedoch zu berühren. Wieder vergingen zahlreiche Stunden, bis ich ihn eines Tages zart am Arm berührte. Dann geschah es: Nach etwa zwei Jahren legte Robert seine Hand auf meine Hand und nahm damit das erste Mal in seinem Leben von sich aus Körperkontakt zu einem anderen Menschen auf. So verharrten wir mehrere Sitzungen, seine Hand in meiner Hand, schweigend.
Nach einiger Zeit fing er an, mit seinen Augen meine Augen aufzufangen. Wir spielten mit dem Blickkontakt, ich sah ihn an, er sah mich an. Er sah mich an, ich sah ihn an. Er schien in meinen Augen zu ertrinken. Stunden und Stunden. Einmal wurde ich müde und schloss die Augen für eine Weile. Seine Hand umgriff die meine fester, und nach drei Jahren wortloser Therapie sprach er seinen ersten Satz:

> »Guck mich wieder an!« (Vgl. auch Kap.: Blickkontakt.)

Robert war geboren; er betrat unsere Welt. Von da an nahm Roberts Therapie weitgehend einen normalen Verlauf.

Diese kurze Fallvignette belegt in eindrucksvoller Art und Weise, wie es manchmal gelingen kann, bei bestimmten Patienten, die zunächst anderen therapeutischen Maßnahmen nicht zugänglich sind, über den Hautkontakt eine Beziehung herzustellen, die die Voraussetzung für eine weitere Therapie bildet. Roberts zerrissene Seele verlangte nach einer Begrenzung durch realen körperlichen Halt. Als ich ihm diesen wieder und wieder gewährte, erlebte er erstmals eine Objektbeziehung, in der er liebevoll und in ausreichendem Maße gehalten wurde. Sein Anklammerungsbedürfnis, das in der präverbalen Phase keine Erfüllung fand, wurde befriedigt. Dies befähigte ihn dazu, einen Entwicklungsschritt nachzuholen, der sein strukturelles Defizit verminderte und das autistische Insichzurückziehen beendete.

Wie bei schizophrenen Patienten und autistischen Kindern spielt auch bei meinen frühgestörten Interviewpartnern diese archaische Form der Beziehungsaufnahme eine große Rolle. Je weniger die Sprache dem Patienten zur Verfügung steht, desto mehr treten nonverbale Faktoren wie die Stimme, der Blick und die Phantasien über die Haut in den Focus der therapeutischen Interaktion. Das belegen auch die Interviews mit meinen narzisstisch gestörten Patienten in aller Deutlichkeit.

Eine gänzlich andere Entwicklung nahm die Analyse von Mara. Sie ist ein aufschlussreiches Beispiel dafür, wie der Wunsch nach körperlichem Kontakt mit dem Analytiker zum Alptraum werden kann. Sehen wir uns zunächst zwei Auszüge aus Maras Interview genau an:

> »Ja, ich hab so einen Wunsch nach körperlicher Nähe, die aber auf keinen Fall sexuell geprägt

sein darf. Das merke ich ganz deutlich. Das ist so ein Kinderwunsch von mir. Sie hat mir schon mal angeboten, meine Hand zu halten, dann bin ich total ausgerastet und hab gesagt, ich will die Therapie abbrechen, und ich fühle mich missbraucht. Sie sagte dann, wir wollen mal ein bisschen Körperkontakt ausprobieren, und obwohl ich das nicht wollte, hat sie es dann gemacht. Da war ich stinksauer und hatte total Angst vor ihrer Berührung. Also, ich wollte schon so einen Körperkontakt, aber ich finde, das hätte ich vorschlagen sollen und nicht sie. Vielleicht hätte ich das dann ganz schön gefunden.«

Zur Frage 9 äußert sich Mara folgendermaßen:

»Die Therapeutin hat mich öfter angefasst, so richtig zärtlich am Hintern gestreichelt und meinen Busen angefasst. Ganz oft hat sie mich auch ziemlich heftig in den Hintern gekniffen oder mir zwischen die Beine gefasst. Also, das war das absolut Schlimmste. Ich hab mich missbraucht gefühlt und unverstanden. Das ist nicht nur einmal vorgekommen, sondern viele Male. Ich bin so wütend und enttäuscht, sie hat mein Vertrauen missbraucht, mich benutzt. Ich wollte die Therapie (M. K.!) schon oft abbrechen, aber das schaffe ich nie. Ich habe ihr das auch schon oft gesagt, und sie sagte bloß, dann wäre alle Mühe, die sie sich mit mir gegeben hätte, umsonst. Und dann sagte sie auch noch, dass wir uns doch beide nicht voneinander trennen könnten.«

Ihre Sehnsucht nach emotionalem Gehaltenwerden wurde von der Analytikerin missverstanden und missbraucht. Ihre grenzenlos erscheinende Gier nach mütterlicher Liebe wurde von der Analytikerin als sexuelle Bereitwilligkeit interpretiert. So entwickelte sich zwischen den beiden Frauen eine reale homosexuelle Beziehung, die unter dem Deckmäntelchen der analytischen Situation von beiden seit Jahren ausgelebt wird.

Maras Sucht nach Halt ihres fragmentierten Körpers und ihrer zerrissenen Innenwelt lässt nicht zu, dass sie die Beziehung beendet. Dieser Umstand stimmt umso trauriger, als Mara bereits zehn Jahre lang einer anderen Sucht verfallen war, der Heroinabhängigkeit. Für Mara ist die Schreckensvision bittere Wahrheit geworden, die jeder frühgestörte Analysand hat: Dass die kindlichen Annäherungs- und Symbiosewünsche nicht richtig verstanden werden. Aus der ersehnten guten Brust wird ein abstoßender und furchteinflößender Penis. Statt strahlenden Neubeginns findet hier die tragische Wiederholung ihres Kindheitstraumas statt. Trotz ca. 50 Stunden, die ich Mara nach Abschluss der Interviews unentgeltlich gewährte, um sie ihre ausweglose Situation erkennen zu lassen, ist sie nicht dazu zu bewegen, die Beziehung zu der Therapeutin aufzugeben. Auch bei den Nachuntersuchungen nach jeweils einem und zwei Jahren bietet sich das gleiche Bild. So ist sie in endlosem Wiederholungszwang gefangen.

Die Interviews mit Helga, und besonders ihre Träume, offenbaren ihre unüberwindlich scheinende Angst vor Hautkontakt. Zunächst wende ich mich Helgas Initialtraum zu, den sie sich am Morgen notiert hat und den ich wörtlich wiedergebe:

> »Ich stehe als Kind im Gitterbett und wehre mich verzweifelt gegen ganz viele Hände, die

> mich berühren wollen. Es sind nur Hände und Unterarme bis zum Ellenbogen. Ich habe sehr große Angst und schreie verzweifelt: Papa, Papa!«

In einem anderen Traum sieht sie das Bild einer Frau mit

> »einem sehr großen Busen, der aussah wie schlecht gegossener Beton, mit vielen kleinen Kratern und rauhen Stellen«.

Die Anamnese von Helga ergab, dass die Mutter sie in den ersten Monaten gut versorgte und ihr auch ausreichend Zeit widmete. Jedoch galt Hautkontakt im Allgemeinen als unüblich, Taktilität wurde in der Familie sanktioniert. Wir können also davon ausgehen, dass Helga als Säugling sehr wenig kutane Stimulierung erfahren hat. Sie ist z. Z. der Interviews 50 Jahre alt und hatte niemals irgendeinen pathologischen Befund der Haut. Während der Interviews mit mir entwickelt sie eine Allergie und einen Neurodermitis-ähnlichen Ausschlag. Helga idealisiert mich in ganz außerordentlichem Maße und fühlt sich von mir auch körperlich angezogen. Entwickelt sie nun diese Hautaffektionen, um sich ganz sicher vor Körperkontakt zu schützen? Ihr unbewusster Wunsch nach liebevollem Kontakt wird evident, die atopische Dermatitis schafft jedoch eine künstliche Distanz.
Der Initialtraum bei dem männlichen Analytiker offenbarte ihre Angst, von ihm angefasst, ja berührt (gerührt?) zu werden. Die Symbiosewünsche mir gegenüber äußert sie hingegen ganz offen, produziert dann aber eine Symptomatik, die Hautkontakt vereitelt.
Ich denke, Helga ist ein gutes Beispiel für ein Hauptproblem vieler frühgestörter Patienten: Die grenzenlose Sehnsucht nach Verstandenwerden, Verschmelzung und

Symbiose und gleichzeitig die entsetzliche Angst vor kutaner Stimulierung durch andere Menschen als sie selbst. Bei allen Interviewpartnern finde ich eine Fülle von Varianten von kutaner Selbststimulierung. Eigene Stimulierung der Haut in dem Versuch, ein kohärentes Selbst aufrechtzuerhalten, respektive wiederherzustellen und die narzisstischen Risse zu kitten. Dabei wird teilweise auch auf destruktive Maßnahmen zurückgegriffen. Selbstschädigende Mechanismen werden von den meisten Patienten berichtet, sie empfinden diese Beschädigungen ihrer Haut nicht selten als Fürsorge ihrem Körper gegenüber. Die Penetration der Haut an einer Stelle wird als Entlastung empfunden, weil es alle aggressiven Regungen gegenüber dem eigenen Körper auf eine Stelle konzentriert.

Helga berichtet, dass sie sich bei physischem Schmerz eine Bleistiftspitze in einen anderen, nicht schmerzenden Teil ihres Körpers bohrt. Die Verletzung ihrer Haut an einer anderen Stelle empfindet sie in diesem Moment nicht als Selbstverstümmelung, sondern als Selbstversorgung.

Bei einem anderen Patienten, Axel, wird in besonderem Maße die gesteigerte Vulnerabilität der Haut deutlich. In unserer 16. Interviewstunde berichtet er mir Folgendes:

> »In bestimmten Räumen, in denen jemand ist, den ich nicht kenne, kriege ich so eine belegte Haut. Die Haut zieht sich zusammen, wie bei einer Gänsehaut, dann legt sich so was wie eine Patina auf meine Haut. Die Härchen stellen sich auf, wenn jemand den Raum betritt, den ich nicht kenne, wie bei einer Erkältung. Dann spüre ich, der ist angenehm oder unangenehm. Beim Angenehmen ist die Haut weich, beim Unangenehmen muss ich ständig etwas ausstrahlen, um seine negative Energie zu neutrali-

sieren. Bei meinem Analytiker spüre ich so auch ganz schnell, was der im Augenblick für mich fühlt.«

Die Haut ist für Axel ein Ausdrucks- und Kontaktorgan zugleich. Seine Haut zieht sich zusammen, ist im Zustand der Abwehr, wehrt sich gegen das Eindringen. Mit dem Zusammenziehen der Haut versucht Axel die Penetration des anderen zu verhindern, gleichzeitig bietet die Gänsehaut einen gewissen Schutz. Als Axel mir davon erzählt, habe ich die Phantasie eines kuscheligen Pelzes, in den er sich einhüllt und verkriecht wie ein verletzliches kleines Tier. Die Aufgabe des Analytikers ist es nun, Halt und Stützung durch symbolischen Hautkontakt zu bieten, damit frühe Symbolisierungsprozesse in der Analyse nachgeholt werden können, Symbolisierung, die die Voraussetzung für strukturelle Nachreifung darstellt.
Bei der Nachuntersuchung nach zwei Jahren ist Axel an einer ausgedehnten Psoriasis erkrankt, d. h., ähnlich wie bei Helga entwickelt auch Axel bei fortschreitender Analyse, respektive fortschreitender Abhängigkeit, eine Erkrankung der Haut. Dies würde sich mit den Befunden Vogels decken, der versucht hat, gemeinsame Grundkonflikte bei Psoriatikern nachzuweisen. Demnach wiederholt der Patient in der Analyse die Haltung seiner Mutter gegenüber, nämlich eine hochgradige Abhängigkeit. Diese symbiotische Abhängigkeit wird bei Axel in der Analyse wieder belebt.
Besonders aufschlussreich scheint mir in diesem Zusammenhang die Tatsache, dass sowohl Helga als auch Axel die Hauterscheinungen nicht bei Beginn der Analyse, sondern auf der vollen Höhe der sich entfaltenden Übertragung entwickeln, d. h. erst wenn ihnen der Analytiker (gefährlich?) nahe kommt. Dies heißt aber auch, dass es

gelungen ist, den Grundkonflikt der Patienten aufzudecken, was ihn der Bearbeitung zugänglich macht.
Zum Abschluss dieses Kapitels wende ich mich noch einmal der Patientin Mara zu. Bei Mara kann man von einem echten Neubeginn im Sinne Balints sprechen. Sie erlebt erstmalig eine vertrauensvolle und arglose Beziehung, die es ihr ermöglicht, Entwicklungsschritte nachzuholen, die ihr in frühester Kindheit nicht möglich waren. Nach 300 Stunden Analyse beginnt in ihr heil zu werden, was über dreißig Jahre zerbrochen war, ein Prozess struktureller Nachreifung nimmt seinen Anfang. Sie beschreibt das folgendermaßen:

> »Zum ersten Mal in meinem ganzen Leben fühle ich mich sicher, sicher in meiner Haut. Für Minuten bin ich zufrieden, trotz allem, was in meiner Kindheit Furchtbares war und was jetzt noch Schreckliches ist.
> Etwas wächst in mir zusammen, etwas heilt. Es gibt ganz neue Gefühle, die ich noch niemals vorher erlebt habe. Meine Haut fühlte sich immer zerrissen und durchlässig an, jetzt heilt sie langsam zusammen. Es gibt jetzt etwas Unzerstörbares in mir, etwas Unzerstörbares, das bleibt, auch wenn alle äußeren Umstände ganz schrecklich sind. Das ist wie kleine Inseln im Ozean, der Ozean ist riesig, aber die Inseln gibt es auch.«

Besser kann man einen Neubeginn in einer Analyse sicher nicht beschreiben. Die Analytikerin erschließt ihr eine neue Welt, eine Welt, in der es viel Kummer und Schmerz gibt, aber die auch geprägt ist von Inseln der Zufriedenheit. Mara wurde die lebenswichtige Idealisierung der Eltern nicht ermöglicht, sie holt sie jetzt in der Analyse nach. Sie tut Dinge nicht um ihrer selbst willen, sondern um ihres Symbolgehaltes willen. Ihre zerrissene Haut scheint unter der liebevollen Fürsorge der Analytikerin zu heilen. Diese innige Beziehung stellt die Voraussetzung für den nun beginnenden mühevollen Prozess des Durcharbeitens dar.

Mara ist ein aufschlussreiches Beispiel dafür, wie viel analytische »Vorarbeit« manchmal geleistet werden muss, bis ein schwer gestörter Patient fähig wird, sich dem analytischen Prozess zu überlassen.

In der Zusammenschau meiner empirischen Befunde über die Haut lässt sich feststellen, dass die Phantasien über die Haut sowie die daraus resultierenden Interaktionen mit dem Analytiker einen wesentlichen Bestandteil in den Analysen der von mir interviewten frühgestörten Patienten darstellt.

Die orale Objektbeziehung in den analytischen Dyaden meiner narzisstisch gestörten Patienten

Die Oralität, das Saugen und sich Einverleiben stellt in der kindlichen Triebentwicklung die erste und wichtigste Manifestation dar. In den Analysen meiner Interviewpartner ist dieser primäre Beziehungsmodus die Grundlage der analytischen Dyade. Den Terminus »orale Objektbeziehung« führte der aus Paris stammende Analytiker Béla Grunberger 1971 in die psychoanalytische Metapsychologie ein. Er bezeichnet eine Art von Objektbeziehung, die sich wesentlich auf Phantasien und Illusionen des Sich-Einverleibens des Objektes gründet. In diesem Zusammenhang wird die interessante Frage virulent, um welchen Antagonismus es sich *eigentlich* handelt: Die Psychoanalyse spricht vom Penetrieren und penetriert werden, vom Aufsaugen und aufgesaugt werden. Besteht der Antagonismus nun aus oral und anal versus ödipal oder aber aus oral versus anal?

Alles ist Sprache. Lässt sich dieses diffizile Problem linguistisch lösen? Vielleicht kommen wir ihm in diesem Kapitel etwas näher. Haben alle meine Interviewpartner diesen Hunger, d. h., sind sie alle oral, also frühgestört? Ich denke ja.

Bei meinen Patienten sind die einzelnen Persönlichkeitsanteile so ungleich besetzt, dass optimales Funktionieren nicht immer gewährleistet ist.

> »Die narzisstische Besetzung kann auch ungleichmäßig verteilt sein.«

(Kohut 1966)

Trotz dieses partiellen Ungleichgewichts ist es meinen Interviewpartnern häufig möglich, relativ stabile und lang andauernde Beziehungen zu Personen außerhalb der Analyse aufzubauen, wenn diese auch stark narzisstisch geprägt sind. Der Antagonismus Selbstliebe *versus* Objektliebe, der in der psychoanalytischen Literatur häufig anzutreffen ist, muss m. E. stark relativiert werden. Die narzisstisch libidinösen Triebimpulse treiben die Patienten gerade dazu, narzisstisch befriedigende Beziehungen einzugehen. Die positiven Aspekte des pathologischen Narzissmus werden in der vorliegenden Literatur weitgehend außer Acht gelassen, die negativen, wie etwa die narzisstische Wut, dagegen überbetont. Oberstes Ziel der Frühgestörtenanalyse muss selbstverständlich das Fortschreiten der Triebentwicklung von der Oralität zur Genitalität sein, wobei der blinde Hass, die ungehemmte Zerstörungswut, also die aggressiven Komponenten, sich allmählich abschwächen. Eine besondere Schwierigkeit besteht darin, dass die aggressiven Elemente *auch* als befriedigend empfunden werden und häufig ich-synthon sind.

Die orale Gehemmtheit der Patienten wird augenfällig, wenn wir betrachten, wie die Interviewpartner mit Dingen umgehen, derer sie sich einmal bemächtigt haben. Ihre Selbsterhaltung, ihr physisches und psychisches Überleben wird durch den Akt des Verschluckens gesichert. Sie verleiben sich Objekte, wie z. B. den Analytiker, ein. Wie bei Säuglingen in der oralen Phase stellt die Brust, respektive der Analytiker, das zentrale und lebensnotwendige Objekt dar. Das beweisen auch die Nachuntersuchungen nach zwei bzw. vier Jahren. *Alle* Patienten sind bei beiden Nachuntersuchungen noch in Therapie, d. h., was sie sich einmal genommen und einverleibt haben, geben sie so schnell nicht wieder her. Die aggressiv-destruktive Komponente dieses Verhaltens ist augenfällig, die Triebhaftigkeit immens groß.

> »Im oralen Stadium zerstört der Säugling das, was er sich aneignet, saugt das Objekt trocken, versucht alles in sich selbst aufzunehmen.«

(Anna Freud, 1949)
Der Akt des Einverleibens erzeugt in den Patienten ein narzisstisches Omnipotenzgefühl, die Befriedigung ihrer oralen Gier scheint mit Allmachts- und Machtgefühlen vergesellschaftet zu sein. Fenichel behauptet 1939, der Akt habe die orale Qualität einer Trophäe.
In den Analysen dieser Patienten gilt es zu erreichen, ihnen im wahrsten Sinne des Wortes den Mund zu öffnen, d. h. dass sie sprechen, essen, weinen können, *ohne* sich die Objekte einverleiben und zerstören zu müssen. Die Patientin Mara sagte im Interview:

> »Das Schlimmste wäre, in der Stunde zu weinen, denn damit verlöre ich die Kontrolle über mich und über die Analytikerin.«

Meine frühgestörten Interviewpartner sind außerordentlich phantasiebegabt, ihrem Unbewussten sehr nahe und weisen große halluzinatorisch-schöpferische Begabungen auf. Die meisten schreiben in irgendeiner Weise: Tagebuch, wissenschaftliche Abhandlungen, und sieben von zehn Patienten versuchen nach der Analysestunde den gesamten Dialog schriftlich festzuhalten. Auch dies ein Versuch, das Liebesobjekt an sich zu binden, es mit sich herumzutragen, es im Sprachlichen zu fixieren. Alle Frauen tragen irgendein Übergangsobjekt, *Teile* des Analytikers ständig mit sich herum: In einem Fall ein Buch, in einem anderen eine Postkarte; eine Frau bewahrt ein nicht eingelöstes Rezept in ihrer Handtasche auf, in einem anderen Fall ist es gar ein Golfball.
Wir sehen hier, wie gravierend die Unterschiede zwischen einer Frühgestörtenanalyse und der Analyse eines ödipal

gestörten Patienten sind. *Kein* Interviewpartner aus der Kontrollgruppe der Patienten mit neurotischen Störungen zeigte solche oder ähnliche Verhaltensweisen, vermutlich würden sie es peinlich, albern oder läppisch finden.
Die narzisstische Charakterstörung ist mit der oralen Phase dermaßen eng verknüpft, dass auch die mündliche und schriftliche Ausdrucksform davon stark geprägt ist. Einige Interviewpartner ließen mich Einblick in ihre Stundenaufzeichnungen nehmen, wie z. B. Helga. In allen Interviews und Aufzeichnungen der Patienten kommt es signifikant häufig zu Aussagen, die die orale Gier betreffen. Dabei halten sich die beiden Aspekte der Oralität, das Vereinnahmen des Angenehmen und das Ausstoßen des Unangenehmen, die Waage. Im Folgenden zitiere ich einige Beispiele aus den Interviews:

> »Ich denke immer nur ans Essen, Tag und Nacht. Wenn es mir gut geht, esse ich, weil es mir gut geht, und wenn es mir schlecht geht, um mich zu trösten.«
> »Vor meiner jetzigen Analytikerin habe ich mir vier andere angesehen, Männer und Frauen. Die fand ich aber alle zum Kotzen.«
> »Plötzlich überkommt es mich, und ich muss irgend etwas essen, was gerade in der Nähe ist, die Hauptsache ist, mein Magen wird voll. Wenn ich viel gegessen habe, schwindet auch die Angst.«
> »Seit ich ein Kind war, hatte ich immer Angst davor zu verhungern. Sterben durch Verhungern, emotional und real. Meine Mutter hat mir keine emotionale Wärme gegeben und durch die Nachkriegszeit hatten wir auch nie genug zu essen.«

> »Meine Mutter hat mich früher immer mit Essensentzug bestraft, also wenn ich irgendetwas angestellt hatte oder so, dann fiel für mich das Abendessen aus.«

Die meisten Patienten beschreiben auch Zustände, die ich mit dem Terminus »orale Verzweiflung« oder »orale Depression« bezeichnen möchte. Es ist dies ein Zustand der Apathie und Stumpfheit, wenn sie real nicht genug zu essen bekommen oder aber ein Liebesobjekt sie nicht genügend »füttert« oder sich gar von ihnen abwendet. Diese depressiven Zustände können durchaus einer anaklitischen Depression im Säuglingsalter ähneln. Vier der Interviewpartner waren deshalb schon in stationärer psychiatrischer Behandlung, Helga sogar mit einer Verweildauer von 11 Monaten. Diese fulminanten Regressionen scheinen ein Merkmal der frühgestörten Patienten zu sein, auf Ohnmacht, Verzweiflung und Liebesverlust zu reagieren.

Der typische Kommunikationsstil der Frühgestörten ist völlig verschieden von dem der ödipal Gestörten. Die außergewöhnliche Intensität der narzisstischen Übertragung, die Anhänglichkeit an den Analytiker kann sich zur Obsession entwickeln. Die Löcher in seinem Ich, sein fragmentiertes Selbst veranlassen den Patienten die Analytikerpersönlichkeit in Richtung eines Mythos zu transzendieren. Die Mythen, die sich bei meinen Interviewpartnern um den Familienroman ranken, versuchen sie durch parabolische Überhöhung der Elternimagines zu retten. Die Patienten fühlen sich in der narzisstischen Regression völlig vom Analytiker abhängig, er ist allwissend, omnipotent und ständig in ihren Phantasien gegenwärtig. Negative Aspekte der Übertragung gilt es zu unterdrücken, die Patienten befinden sich mit dem Analytiker in einer Fusion, einem symbiotischen pränatalen Glückszustand. Die Verdrängung der negativen Übertragungsfragmente führt zu latenter narzisstischer Wut, die dem Patienten bewusst gemacht werden muss. Die narzisstische Regression stellt den häufigsten Widerstand in der Analyse Frühgestörter dar und führt häufig zum Abbruch bzw. zu einem malignen weiteren Verlauf der Therapie.

Wenn das Auftauchen aus der Regression jedoch gelingt, so ist dieses regelmäßig mit einem Aufflackern von Triebansprüchen und einer zumindest partiellen Realitätsprüfung verbunden. Dieses Phänomen ist prognostisch von allergrößter Wichtigkeit, daher bedeutet auch die »Regression auf Abhängigkeit« (M. Little), wie sie viele frühgestörte Patienten erleben, eine besondere Chance, egal wie schwierig sie auch für den Analytiker zu handhaben sein mag. Nur diese tiefen Regressionen bieten dem Narzissten die Möglichkeit eines echten »Neubeginns«, wie Balint ihn beschreibt. Als ich meine Interviewpartner mit diesem Begriff konfrontierte, konnten auch fünf von ihnen ein Beispiel aus ihrer Analyse erinnern: Eine völlig andere Sichtweise, eine elementar neue Gefühlsqualität, einen echten Neubeginn eben. In *diesen* Therapien wird der Analytiker gleichsam zu einem mythischen Wesen, eine strahlende, omnipotente Figur; die Idealisierung bedeutet für den Patienten die Identifikation mit Gott bzw. die Rückkehr in einen fötalen Zustand, in der er mit der Mutter (dem Analytiker) verschmolzen ist. Die Oralität dieser Phase ist total, der Fötus braucht keine Nahrung aufzunehmen, zu kauen und zu verdauen, sondern wird automatisch durch die Nabelschnur versorgt. In diesem phantasierten Zustand würden die Patienten gerne verharren, die französische Analytikerin F. Dolto nennt dieses Phänomen die »umbilikale Nichtkastration«.

Die Phase der Regression auf die Symbiose habe ich interessanterweise zum großen Teil in den weiblichen Dyaden gefunden, d.h. bei der Kombination Patientin mit Analytikerin. Es hat den Anschein, als würden Frauen eher als Männer dazu in der Lage sein, sich dieser immensen Abhängigkeit zu überlassen, evtl. einer latenten masochistischen Triebfeder folgend.

Die orale Komponente der analytischen Situation wird bei sechs von meinen zehn Interviewpartnern in den Pausen der Analyse durch einen eigenartigen Mechanismus befriedigt: Sie füttern sich gewissermaßen selber. Sie schreiben akribisch Tagebuch, korrespondieren mit anderen Analysanden über den Inhalt der Analyse oder protokollieren minutiös den Verlauf jeder einzelnen Analysestunde. Hier ein Auszug aus einem autobiographischen Roman von Anaïs Nin während ihrer Analyse bei Otto Rank:

> »... Die Fahrstühle speien Menschen aus, die danach fiebern, Geständnisse zu machen. Sie fragen nach dem Zimmer des modernen Priesters. Dort sitzt ein Mann in einem Sessel, hört den Ungläubigen zu, die auf der Couch liegen, blickt auf sie hinunter, aber sein Gesicht bleibt im Gegenlicht unsichtbar. Er blickt auf sie hinunter, um in sich die Wunde des Mitgefühls offen zu halten. [...]
>
> Der Mann, der den Geständnissen lauscht, ist an seinen Stuhl gefesselt. Er sieht sie alle kämpfen, sie, die besiegt, verwundet und verkrüppelt sind. Sie offenbaren sich ihm, sie verlangen Vergebung, Absolution, Verzeihung und Rechtfertigung. Sie brauchen die Stimme, die aus einem dunklen Sessel dringt, als einen Ersatz für Gott. Die Stimme ist der Beichtvater früherer Zeiten.
>
> Djuna legt sich auf die Couch. Sie erinnert sich an alles, was sie erlebt hat und was so viele andere nach ihr erleben werden. Dieses Gespräch im Dunkeln

mit jemandem, der ein Teil von ihr wird, der all ihre Fragen beantwortet. Dieser Mann ohne Identität, die Stimme all dessen, was sie nicht wusste, das aber in ihr war und ans Licht geholt werden musste. Die Stimme des Mannes half ihr, wiedergeboren zu werden.

Langsam führte er sie zum Anfang zurück. Das Gespräch mit einem Menschen, den sie nicht sehen konnte, war wie der Dialog mit einer Djuna, die weit größer war als die Djuna des Alltags, einer Djuna, die sie manchmal so deutlich empfand, wie man den Wind an der Straßenecke spürt. Die größere drängte die kleinere Djuna, groß zu handeln und zu sprechen, nicht klein und von Zweifel oder Furcht geplagt. Die Stimme hatte diese größere Djuna ans Licht gebracht, hatte sie mit ihrem Verlangen konfrontiert, hatte beiden ermöglicht, miteinander zu verschmelzen. Davor trennte sie ein Abgrund des Hungers und des Verlangens. Die kleinere Djuna lebte in einer Welt, die sie als tragisch fürchtete, die andere, die größere Djuna in einer Welt, die sie nicht mehr fürchtete. Die Stimme hatte gesprochen, um Aufruhr, Dissonanzen und Zerrissenheit zu vertreiben:

›Ich werde Sie mit Ihrem Ich versöhnen.‹ Das klang in ihren Ohren, als habe sie zwei auseinanderstrebende Äste getrieben und so ihre Stärke verloren. [...]

Djuna trat aus dem Haus und war blind, weil so viele Erinnerungen auf sie einstürmten. Der Menschenstrom wollte sie davontragen, und sie erkannte schlagartig das ganze Ausmaß ihrer Furcht, zu fließen, nachzugeben, von einem anderen Menschen abhängig zu sein. [...]

Alles, was in das Zimmer der Stimme dringt, gießt die Stimme jetzt in sie zurück, um sich von dem Gewicht zu befreien. [...]

> Das Telefon klingelte. Unten wartete jemand, um die Stimme zu sprechen. Es war dringend. Die Frau kam nach oben, schüttelte ihren Schirm, von dem geschmolzener Schnee tropfte. Sie betrat das Zimmer und ging dabei seitwärts wie ein Krebs, in ihren Mantel gehüllt, als sei sie ein Paket und nicht ein Mensch. Nach jedem zweiten Wort ein Zögern, weitausholende Gesten, die männlich wirken sollten, aber als sie auf der Couch saß und zur Stimme aufblickte, errötete sie schüchtern und fragte: ›Soll ich meine Schuhe ausziehen und mich hinlegen?« […]‹

Schreiben und die freie Assoziation in der Psychoanalyse bedeutet für einen Teil der Patienten das Gleiche, beides heißt genügend Spiegelung zu erfahren, um sich kongruent zu fühlen. Auf diese Weise geht die Analyse noch *während* ihrer Dauer in eine unendliche Analyse über. Das bedeutet, dass das Schreiben ebenso wie die idealisierende Übertragung ein absolut narzisstisches Phänomen ist. Durch die narzisstische Qualität wird auch die reale Beziehung in der Analyse gespeist und erhält ständig neue Nahrung.

Meine Studien über die Psychopathologie von Frühgestörten ergab in der Beziehung zum Analytiker ein beständiges Oszillieren zwischen realer Beziehung und Übertragungsneurose. Diese Melange gestaltet sich häufig sehr dramatisch, die Patienten entwickeln eine pittoreske Leidenschaft für den Analytiker und neigen zu facettenreichen Wortspielen. Nicht selten erfinden sie eine eigene phantasiereiche poetische Sprache mit Neologismen, die ausschließlich der analytischen Beziehung vorbehalten sind. Manchmal sind sie hinreissend in ihrer Naivität, bestimmte Eigenschaften des Therapeuten betreffend und zugleich von beeindruckendem Fatalismus, wenn sich herausstellt, dass die ihm in der Übertragungsneurose angedichteten Eigenschaften der Realität nicht standhalten. Die Neologismen stellen ein intensives Werben um den Analytiker dar und gleichzeitig dienen sie der Befriedigung der eigenen oralen Gier. Sie sind auch ein narzisstisches Phänomen, weil die Patienten sowohl den Analytiker als auch das Schreiben als zweites Ich, als Erweiterung ihres Selbst als alter ego empfinden.

An dieser Stelle erscheint es mir an der Zeit, etwas Grundsätzliches zur narzisstischen Übertragung zu sagen: Meine Interviewpartner entwickeln ohne Zweifel alle eine starke narzisstische Übertragung, die aber wenig Ähnlichkeit mit einer historischen Übertragung hat, d. h., die Elternimagines stehen *nicht* im Mittelpunkt, sondern die Analytikerpersönlichkeit höchstselbst. Die Patienten werden nie müde, ihre Phantasien in Bezug auf den Therapeuten auszuspinnen, selbst wenn diese durch die Realität bereits ad absurdum geführt worden sind. Dieses Phänomen gilt insbesondere für die weiblichen Dyaden. Den Modus der narzisstischen Übertragung hier weiter auszuführen, würde den Rahmen dieses Kapitels sprengen; daher wende ich mich nun wieder dem oralen Beziehungsgeschehen in der Analyse Frühgestörter zu.

Alle Interviewpartner haben eine Sehnsucht, die nie gestillt werden kann, eine Sehnsucht nach unbedingtem Angenommensein, nach grenzenloser Sättigung. Weil die oralen Bedürfnisse in der frühen Kindheit nur unvollkommen gestillt worden sind, werden sie jetzt zum Leitmotiv ihres Lebens. Beziehungen zu anderen Menschen sind für sie der Garant für ausreichende Spiegelung. Ihre Sehnsucht nach Teilhabe kann nur in vielfältigen Beziehungen zur Erfüllung gelangen, daher unterhalten sie auch zahlreiche Freundschaften, um ihren Hunger zu stillen.

Den Zusammenhang von Oralität und Narzissmus möchte ich noch an einem anderen Beispiel aus meiner eigenen Praxis verdeutlichen. Es handelt sich um ein 16-jähriges Mädchen, ich nenne sie Bobo, die Abkürzung ihres Vornamens. Bobo, deren Körper durch eine schwere Systemerkrankung kindlich und unterentwickelt geblieben ist, wird von der Angst beherrscht, zu verhungern. Sie hegt die Phantasie, sie könne einfach nicht mehr genug Nahrung aufnehmen, obwohl sie normalgewichtig ist und über ein normales Essverhalten verfügt. Nun drängt sich die Vermutung auf, sie sei emotional ausgehungert und leide unter einem jahrelangen Mangel an echter Zuwendung; jedoch ist genau das Gegenteil der Fall. Ihre orale Ansprüchlichkeit ist durch die Überfürsorglichkeit der Mutter entstanden, die dem Kind jeden Wunsch blind erfüllte. So ist bei Bobo eine illusionäre Sicht des Lebens entstanden, und alles, was sie bekommt, erscheint ihr zu wenig. Sie hat häufig kompensatorische Träume, in denen sie sich mit mir symbiotisch verbunden fühlt und dadurch volle orale Befriedigung erlangt. Sie phantasiert sich einen wunderbaren Beruf, einen idealen Ehemann, und auf vorsichtige Konfrontationen meinerseits, d. h. auf Einbrüche der Realität, reagiert sie sowohl mit depressiven Verstimmungen als auch mit Aggression. Ihre Größenphantasien sind technisch schwierig zu handhaben und widerstehen bis heute jeder Art von Intervention. Erschwerend kommt die Tatsache hinzu, dass die Phantasien nicht einer realen Grundlage entbehren, denn ihre Erkrankung, der Morbus Recklinghausen, kann durchaus bedrohlich sein. Daraus erwächst für mich die schwierige Aufgabe, zwischen realer Bedrohung und oraler Phantasie zu unterscheiden. Bobo idealisiert mich in außerordentlich starkem Maße, sie glaubt,

> »ich würde Tag und Nacht arbeiten, meine Ehe sei vorbildlich und ich daher immer guter Laune«.

Es ist sicher, dass sie diese Idealisierung nicht immer aufrechterhalten kann, gleichzeitig dann aber auch nicht mehr die Idealisierung ihrer selbst.
Der Fall von Bobo stellt eine Ausnahme dar. Meine narzisstischen Interviewpartner, die eine orale Objektbeziehung zu ihrem Therapeuten haben, ihn stark idealisieren und symbiotische Phantasien haben, leiden signifikant häufiger unter einem Mangel an Zuwendung in Kindheit und Adoleszenz als an einer überprotektiven Mutter. In beiden Fällen jedoch ist das Resultat das Gleiche: Eine illusionäre Weltsicht, eine immens hohe Ansprüchlichkeit und bei Realitätseinbrüchen alle Anzeichen einer neurotischen Depression. In den Analysen von frühgestörten Patienten muss dann daran gearbeitet werden, den Patienten zu befähigen, den Verlust dieser Größenphantasien mit der dazugehörigen Entidealisierung auszuhalten und zu verarbeiten.
In der frühen Kindheit meiner Interviewpartner herrschte nicht nur eine bedrohliche emotionale Mangelsituation, zusätzlich wurden alle Patienten von ihren Müttern dazu missbraucht, deren innere Leere zu füllen, *sie* zu füttern und am Leben zu erhalten. Dabei erinnere ich mich an ein Gemälde von Picasso, das zeigt, wie ein Säugling seine Mutter füttert.
In der oralen Objektbeziehung suchen die Interviewpartner den immerwährenden Zustand der Verliebtheit. Sie projizieren ihre Selbstliebe, ihren Narzissmus auf den Analytiker, den sie dann grenzenlos idealisieren und sich immerfort in ihm spiegeln können. So leben sie in einer Euphorie, einem narzisstischen Rauschzustand, dem verloren gegangenen intrauterinen Paradies.
Zusammenfassend lässt sich feststellen, dass die Vergesellschaftung von Oralität und Narzissmus sich am stärksten in der narzisstischen Regression offenbart. Die narzissti-

sche Regression der Interviewpartner geschieht *nicht* aufgrund etwaiger ödipaler oder präödipaler Konflikte, sondern wegen der Euphorie, die die Flucht ins Reich des Unterbewussten, der rauschhaft surrealen Bilder, hervorruft. Diese Euphorie *in* der Stunde ist bei manchen Patienten so ausgeprägt, dass sie sich noch eine gewisse Zeit nach der Analysestunde omnipotent und unverwundbar fühlen. Die narzisstische Regression erweist sich dann auch als wichtigstes therapeutisches Agens in der Analyse Frühgestörter. Sie besteht neben der Übertragung und stellt ein Spezifikum der Narzissten dar. In den umfangreichen Interviews mit den Patienten wird wieder und wieder evident, wie wichtig diese besondere Art von Regression für den Patienten ist: *Sie* bildet das primum movens in Psychoanalysen, in denen der Analysand zu einer wirklich historischen Übertragung nicht fähig ist. Sie bindet durch die Euphorie, den Lustgewinn, den sie dem Patienten verschafft, ungleich stärker an den Analytiker; viel stärker, als es eine positive Übertragung je könnte. Der Narzissmus, das orale Vergnügen macht auch schwer gestörte Patienten analysierbar.
So war bei den zehn untersuchten Interviewpartnern nicht selten ein besonderes Phänomen zu beobachten: Schon nach relativ kurzer Zeit, etwa ein paar Wochen oder Monaten, verschwanden psychosomatische Beschwerden, d. h. die narzisstische Befriedigung, die der Patient aus der Analyse gewann, war mächtig genug, um ihn in seiner Charakterstruktur so weit zu stärken, dass das somatische Komplement überflüssig wurde.
(vergl. auch Bouvet, M.: Dépersonalisation et relation d'object, Rom 1960)
Die Patienten berichten häufig über Spontanremissionen, auch sehr schwerer Krankheitsbilder, wie z. B. Dagmar, die an einem Morbus Reiter, einer rheumatischen System-

erkrankung, litt. Normalerweise würden wir diese vorübergehende Besserung eine »Übertragungsheilung« nennen, in diesem Fall erscheint mir jedoch der Terminus »narzisstische Heilung« besser. Denn in Wahrheit fußt diese Besserung auf der oralen Zufuhr, die der Analytiker ihr zukommen ließ.
Wir sehen, wir befinden uns in dieser Phase der Analyse von Narzissten selten auf einem ödipalen Niveau, selbst wenn manche Aussagen der Patienten einen phallischen oder anal sadistischen Unterton haben mögen: Die Patienten vermeiden in jedem Fall die Triangulierung, weil sie sich vor der ödipalen Situation fürchten, die – obschon immer gegenwärtig – von ihnen noch gar nicht bearbeitet werden kann. In diesem Stadium werden sie sich immer für die Dyade oder gar die Monade entscheiden, nie jedoch dem ödipalen Konflikt mutig entgegentreten.
Die Übertragung und die narzisstische Regression bilden *nosologisch* ganz und gar disparate Elemente, die sich in ihren klinischen Auswirkungen jedoch überlappen.
Ich hoffe, die Verquickung von oraler Objektbeziehung und narzisstischer Charakterstörung dem Leser in diesem Kapitel hinreichend transparent gemacht zu haben.

Deutung und Beziehung: Ambiguität ohne Ende?

Es hat den Anschein, als sei die vorliegende Arbeit ein vehementes Pamphlet gegen die Deutungen. Dies ist keineswegs der Fall; meine Forschungsergebnisse sollen lediglich dazu anregen, die Situation der Frühgestörten in der Analyse neu zu überdenken. Dies insbesondere, wenn ich dem Leser die Ergebnisse der Nachuntersuchungen nach jeweils zwei und vier Jahren vorlege. Sie beinhalten nämlich ein Novum, eine kleine Sensation.

Bei der vorliegenden Untersuchung handelt es sich um ein Forschungsvorhaben an zehn frühgestörten Patienten mit drei Erhebungszeitpunkten jeweils im Abstand von ca. zwei Jahren: Zunächst erstellte ich die Anamnesen und erhob die Patienteninterviews, dann nach zwei Jahren erfolgte die erste Nachuntersuchung und nach weiteren zwei Jahren die zweite. Die Untersuchung umfasst also insgesamt einen Zeitraum von 4 Jahren. Dabei scheint mir die Tatsache bemerkenswert, dass es gelungen ist, bei allen drei Untersuchungszeitpunkten *sämtliche* Interviewpartner zu befragen. Es gestaltete sich nicht einfach, alle Patienten wieder aufzufinden, denn manche hatten den Wohnort gewechselt, nicht aber den Analytiker. Eine Patientin war z. B. nach Frankfurt übersiedelt, weil ihre Analytikerin aus familiären Gründen dahin umgezogen war. (! M. K.)

Meine Theorie über das Beziehungsgeschehen in der Analyse Frühgestörter fand ich in vollem Umfang bestätigt. Bei *beiden* Nachuntersuchungen nach zwei und vier Jahren befanden sich *alle* Interviewpartner noch in Ana-

lyse, d. h., es handelt sich bei diesen zehn Patienten um Langzeitanalysen, bei denen die Beziehung zum Analytiker im Vordergrund steht. Dieses eindeutige Ergebnis, die absolute Verifizierung meiner Arbeitshypothese, stellt für mich selbst eine Überraschung dar. Die nachfolgende Grafik soll das Ergebnis der Nachuntersuchung nach zwei Jahren verdeutlichen.
Die Nachuntersuchungen nach vier Jahren erbrachten exakt dasselbe Ergebnis.
Die Aussagen der Analysanden belegen weiterhin, dass die vier von mir herausgearbeiteten Faktoren *das* primum movens in ihren Analysen sind: Der Blickkontakt, die symbiotischen Phantasien, der Hautkontakt sowie die orale Objektbeziehung stellen die tragenden Säulen in diesen Frühgestörten-Analysen dar.

Name	Geschl./ Alter	Analysenstand bei Nachuntersuchung nach zwei Jahren
Axel	m / 36	beim gleichen Analytiker, zahlt selber
Dag-mar	w / 34	beim gleichen Analytiker, zahlt selber
Helga	w / 50	diese Analyse ist beendet (m), sucht Analytikerin
Mara	w / 34	bei gleicher Analytikerin, zahlt selber
Willi	m / 33	diese Analyse beendet
Ina	w / 34	Analyse bei Analytiker beendet, jetzt Analyse bei Analytiker, zahlt selber
Heide	w / 39	Analyse beendet, jetzt bei einer Analytikerin neuer Antrag gestellt
Rita	w / 42	Analyse bei Analytiker beendet, will jetzt bei ihm wieder aufnehmen
Gabi	w / 26	Analyse beendet, jetzt Körpertherapie (KBT) bei einer Analytikerin mit 2 Ausbildungen, zahlt selber
Mischa	m / 49	bei gleicher Analytikerin, zahlt selber

Diametral entgegengesetzte Auffassungen von Deutung und Beziehung im analytischen Geschehen sind so alt wie die Psychoanalyse selbst. Das reale Gewähren und Versagen von Befriedigungen in der Analyse wurde zu Ferenczis Lebensthema. Der Dissens mit Freud führte schließlich zum Bruch zwischen diesen beiden großen Analytikerpersönlichkeiten.

> »Die Analyse ist eigentlich eine Heilung durch Liebe.«

(Freud an Jung 1974, S. 13)

Alle von mir interviewten Patienten haben im Laufe ihrer sehr langen Analysen eine besonders innige, ja liebevolle Beziehung zu ihrem Analytiker entwickelt. Dies soll jedoch nicht darüber hinwegtäuschen, dass es auch Hass und Wut in der Übertragung gibt, genauso wie in der Gegenübertragung.

Wir sehen bei der Analyse der Interviews deutlich, welch hohen Stellenwert die Beziehung in den analytischen Dyaden einnimmt. Ohne Zweifel ist es in den letzten Jahrzehnten zu einem schleichenden Paradigmenwechsel innerhalb der analytischen Zunft gekommen. Die Faktoren, die ich in der vorliegenden Arbeit untersucht habe, gewinnen immer mehr an Bedeutung: Der Blick- und der Hautkontakt mit dem Analytiker, die symbiotischen Phantasien und die Illusion der oralen Objektbeziehung bilden die Basis der Arbeit in den Langzeitanalysen mit Frühgestörten. Diese Analysen brauchen ihre Zeit, tausend Stunden stellen bei den narzisstischen Persönlichkeitsstörungen keine Seltenheit mehr dar. Die Patienten suchen im Analytiker *die* idealisierte Schutzfigur, die sie über viele Jahre ihres Lebens begleitet. Es kann nur der psychoanalytischen Einzelfallforschung gelingen, spezifische Wirkfaktoren in der Psychoanalyse herauszuarbeiten. Aus dieser Erkenntnis resultiert auch

die Beschränkung meines Forschungsvorhabens auf zehn Fälle.
Das nachfolgende Schema von Helmut Thomä zeigt, wie sich der Paradigmenwechsel bei den verschiedenen analytischen Schulen innerhalb der letzten Jahrzehnte entwickelt hat.

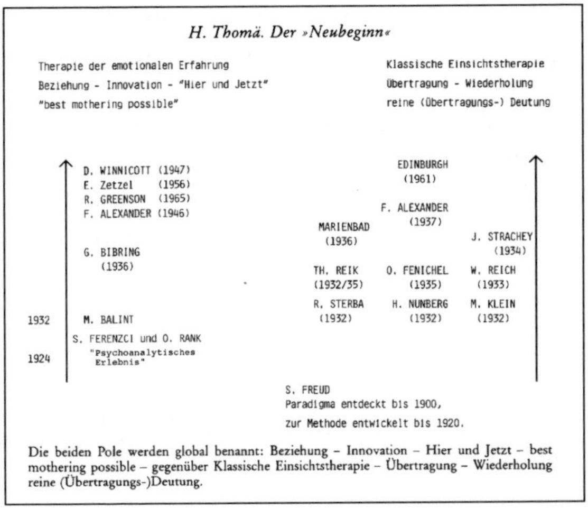

Die beiden Pole werden global benannt: Beziehung – Innovation – Hier und Jetzt – best mothering possible – gegenüber Klassische Einsichtstherapie – Übertragung – Wiederholung reine (Übertragungs-)Deutung.

Helmut Thomä, in: Sven Olaf Hoffmann: Deutung und Beziehung

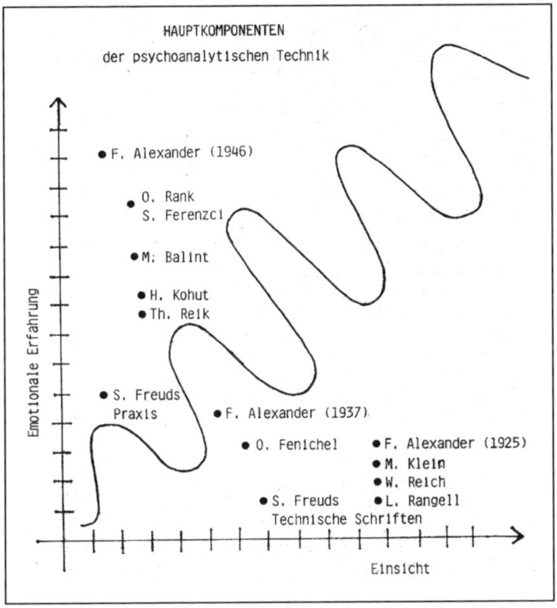

Sven Olaf Hoffmann, in: ders.: Deutung und Beziehung

Das ständige Oszillieren zwischen realer Beziehung und Übertragungsneurose schafft eine besondere Intimität in der Dyade, und diese Innigkeit braucht viel Zeit.
Die Grafik von S. O. Hoffmann auf der vorangegangenen Seite verdeutlicht, wie immens groß die Schwankungen in der psychoanalytischen Technik der einzelnen Analytiker von jeher gewesen sind: Als Beispiel Urvater Freud, der in seiner psychoanalytischen Praxis völlig von seinen technischen Schriften abweicht, oder Franz Alexander, der von 1925–1946 eine radikale Kehrtwendung in seiner Technik vornahm.
Das Auf und Ab der Schlangenlinie bezeichnet die Schwankungen innerhalb der einzelnen Stunden.
Deutung und Beziehung: Ambiguität ohne Ende? Allen Patienten gemein ist die Sucht nach dem gesteigerten Lebensgefühl in der idealisierenden Übertragung wie bei einer Verliebtheit außerhalb der Dyade. Dieses Phänomen beschreibt Grunberger als »erhebende Erhabenheit« und hält dieses Gefühl für das primum movens in der Analyse von Narzissten. Dieses Phänomen deckt sich vollständig mit den Aussagen der Interviewpartner, die dieses Gefühl der Verliebtheit, als *das* therapeutische Agens beschreiben, als die Triebfeder hunderte von Stunden bei den Analytikern auszuharren, in der Hoffnung auf Linderung ihrer Not.
Die Reminiszenzen an die Kindheit werden bei diesen Patienten nicht durch Deutungen oder die freie Assoziation geweckt, sondern durch vertraute Gerüche, bestimmte Geräusche, taktile Reize, eine warme empathische Atmosphäre, durch sinnliche Wahrnehmungen im weitesten Sinne. Hierin besteht *der* gravierende Unterschied im Vergleich zur Kontrollgruppe der Neurotiker. Ihre immense Sensibilität, ihre ungeheure Wahrnehmungsfähigkeit entfaltet sich auf eine Weise in der analytischen Dy-

ade, die dem Analytiker auch Angst einflößen kann. Sie scheinen die geheimsten Gedanken des Analytikers zu erraten, seine Schwächen und die Restneurose auf beinahe mystische Weise zu entdecken. Diese Sensitivität macht sie besonders anfällig für Schwankungen in der Übertragung und dem Nachlassen der frei schwebenden Aufmerksamkeit des Analytikers. Jeder »Verstoß« wird sofort durch Regression, latente Aggression oder jammerndes Wehklagen geahndet. Haben wir es bei unseren Interviewpartnern mit unendlichen Analysen im Sinne Freuds zu tun?

Mit Sicherheit handelt es sich um Analysen, die ihre Zeit brauchen. Die Maßlosigkeit ihres Hungers hält die idealisierende Übertragung aufrecht, die es den Patienten in weiten Teilen der Analyse unmöglich macht, auf Deutungen zu reagieren. Die Idealisierung bedeutet für die Interviewpartner, die Angst vor der Vergänglichkeit der symbiotischen Objektbeziehung zu bannen.

Ein signifikanter Teil der Antworten der Patienten in den Interviews beziehen sich auf nonverbale Faktoren in der Beziehung zu ihrem Analytiker.

Die fortgesetzte Traumatisierung der Frühgestörten im ersten Lebensjahr, die kumulativen Traumata, kamen der Vernichtung ihrer psychischen Existenz gleich. Die Neigung *aller* Interviewpartner zu besonders symbiotischem Verhalten stellt ein schwieriges Beziehungsproblem innerhalb der Analyse der Übertragung und Gegenübertragung dar. Repräsentanzen früher Objektbeziehungen sind nur in Rudimenten vorhanden und stabile innere Objekte fehlen gänzlich.

In der Folge entstand die Spaltung in Gut und Böse, und die Sehnsucht nach Ganzheit ist stark. Dieses Gefühl der Ganzheit wird durch die Ekstase ersetzt, das überschäumende Außer-sich-Sein in der Gegenwart des Analytikers. Die Verletzungen und Demütigungen, die sie in der Kindheit erfahren mussten, führten zu ihrer besonderen Wahrnehmungsfähigkeit, die die nonverbalen Kommunikationsformen in der Analyse in den Mittelpunkt rücken lässt. Ihre außergewöhnliche Vulnerabilität macht ihre Analyse ungleich schwieriger als die Analyse einer neurotischen Persönlichkeit. Ihre pathologische Neigung zu extrem symbiotischem Verhalten ist ein Beziehungsproblem, beinhaltet jedoch auch die Chance eines echten Neubeginns im Sinne Balints. Etchegoyen beschreibt dieses Phänomen als Neukonzipierung. Die adhäsive Identifikation mit dem Analytiker bietet die Voraussetzung für eine heilende Begegnung, die Beziehung ist die Therapie. Die analytische Dyade ermöglicht es den Patienten *zum ersten Mal*, ein Kind zu sein: ängstlich, klein, anklammernd und völlig hilflos. Diese Regression auf Abhängigkeit (M. Little) bildet die Voraussetzung für die weitere analytische Arbeit.

Das Junktim von Forschen und Heilen wird nie deutlicher, als in den langen Analysen der Frühgestörten. In ihren Analysen müssen die Patienten erkennen, dass die analytische Dyade nur ein projiziertes Paradies ist. Robert Wallerstein vertritt die Auffassung, dass die analytische Arbeit mit diesen Patienten nie beendet werden kann, in niederfrequenter Art und Weise ein Leben lang anzudauern habe. Gibt es also keine adäquate Therapie für Frühgestörte, ist sie eine Utopie? Handelt es sich doch um unanalysierbare Persönlichkeiten, weil ihre Frustrationstoleranz so abnorm niedrig ist?

Ich gehe mit Wallerstein konform, denn ich denke, dass der Patient die körperliche Berührung, die er in der frühen Kindheit entbehren musste, in Form von geistiger und emotionaler Berührung in der Analyse in fein abgestimmten Dosierungen erhalten sollte. Diese Form von

»analytischer Nahrung« muss notfalls lebenslang in niederfrequenter Therapie »verabreicht« werden. Die Patientin Rita hat diesem Phänomen mit den Worten Ausdruck verliehen:
Hatten Sie manchmal das Gefühl, dass Sie Wünsche hatten, die Sie als Kind Ihren Eltern gegenüber hatten?

> »Ich habe keine Grundsicherheit, ohne den Analytiker habe ich immer so ein Gefühl von absoluter Unsicherheit. Einfach so ein fehlendes Urvertrauen. Ich brauchte, glaube ich, so lebenslang zwei Stunden in der Woche Analyse, um mein Misstrauen auszugleichen. Wie bei einem Zuckerkranken, der sich Insulin spritzen muss, lebenslang, so brauche ich den Analytiker als Muttterersatz, lebenslang.«

Meine Intention in der vorliegenden Arbeit bestand nicht darin, Analysen zu beschreiben, wie sie idealiter aussehen, sondern eine Brücke zu schlagen zwischen T. Mosers idealisierenden Falldarstellungen und Dörte von Drygalskis vernichtendem Bericht über ihre eigene Therapie. Mein Forschungsinteresse konzentriert sich darauf, was *wirklich* in den Analysen von schweren Pathologien, wie den narzisstischen Charakterstörungen, geschieht.
Laufen Analytiker nicht Gefahr, *das* genuin psychoanalytische Diktum bei Frühgestörten außer Kraft zu setzen, das der Abstinenzregel? Ich denke, die vorliegende Arbeit beweist, dass besondere Pathologien besondere Modulationen der psychoanalytischen Technik erfordern. Deutung und Beziehung sind keine Antinomie. Ein einseitiges orthodoxes und rigides Festhalten an der konventionellen Technik wäre eine amoralische Ästhetisierung des psychoanalytischen Gedankengutes. Es zeugt von intellek-

tuellem elitärem Hochmut, wenn Analytiker sich hinter ihren Deutungen verstecken und ihr therapeutisches Handeln aus der Paarung von einem distanzierten Gefühl und schizoiden Abwehrmechanismen entsteht.

Diese Patienten brauchen eine authentische Person, an die sie sich halten können, wie eine Blume, die eine Rankhilfe braucht, um daran in die Höhe zu klettern und sich zu entfalten.

Die orthodoxe, konsequent ich-psychologisch arbeitende Technik sensu Hartmann unterbindet die freie Entfaltung der Triebwünsche des Patienten und den kreativen Umgang mit den eigenen Möglichkeiten. Die Widerstandsanalyse beherrscht die analytische Szene und treibt die Patienten systematisch in eine Position aus Abwehr und Angst. Die Wunde, die ihre Kindheit den Patienten schlug, kann auf diese Weise niemals heilen. Im besten Falle wird sie zu einer Narbe, die jedoch bei der kleinsten unsachgemäßen Berührung erneut zu bluten beginnt. Der Analytiker muss für frühgestörte Patienten ein kreativer Künstler sein, kein kühler Techniker. Die Essenz der psychoanalytischen Erfahrung liegt bei diesen Patienten in der Beziehung begründet, dem Verschmelzen des Unbewussten von Analysand und Analytiker. Der Erfolg der Langzeitanalysen hängt entscheidend davon ab, inwieweit es dem Therapeuten gelingt, zum Unbewussten seines Patienten vorzudringen und dessen Phantasien wirklich nachzuvollziehen. Die Interviewpartner verstehen Deutungen nicht in ihrem Sinnzusammenhang und um ihres geistigen Gehaltes wegen, sondern als Zeichen oder Symbol. Gefühle der Objektivität und Ich-Transzendenz gehen zeitweilig verloren, ihr Handeln und Tun wird ichsynthon.

Signifikant häufiger als bei anderen Konfigurationen beeinträchtigen neue Traumata in der Realität die Kontinui-

tät der Analyse von Narzissten. Hier sind besonders die Psychosomatosen zu nennen, sechs von zehn von meinen Interviewpartnern erkrankten im Laufe ihres Lebens an schweren chronischen Leiden, die mit Sicherheit *auch* auf die lebensbedrohlichen emotionalen Entbehrungen in früher Kindheit zurückzuführen sind.
Zusammenfassend lässt sich feststellen, dass die frühgestörten Patienten immer sehr lange Analysen benötigen, häufig ein Leben lang in irgendeiner Weise an den Analytiker gebunden bleiben.

Exkurs

Benigne und maligne Ausformungen von Lebenskonzepten narzisstischer Persönlichkeiten am Beispiel zweier Schriftsteller, Anaïs Nin und Franz Kafka

Franz Kafka

Dieses Kapitel nimmt nicht durch Zufall einen Raum in meinem Buch ein, sondern wurde von mir mit Bedacht ausgewählt. Vor meinem Psychologiestudium studierte ich Literaturwissenschaft und meine Liebe zur Literatur bestimmt mein Leben genauso wie meine Liebe zur Psychoanalyse. Dieser kleine Exkurs eröffnet mir nun die Möglichkeit, meine beiden Leidenschaften zu verbinden; er führt mich gleichsam zurück zum Anfang, zu den Wurzeln.

Die Auseinandersetzung mit Franz Kafka und Anaïs Nin soll nicht einmünden in den Vergleich ihrer Lebensgeschichten oder gar ihrer Werke, vielmehr möchte ich aufzeigen, wie unterschiedlich beide Schriftsteller ihre psychische Störung in ihren Werken verarbeitet haben. Beide lebten nur in ihrem Schreiben, die äußere Welt, die sie aufrechterhielten, war nur eine Fassade, das wirkliche Leben fand im Schreiben statt.

Literaturwissenschaftlicher Nihilismus ist bei Kafka fehl am Platz. Er fordert mich heraus, wieder und immer wieder, seit über 15 Jahren. Er provoziert durch seine immense Intensität, durch seine fast krankhafte Dichte, die gepaart ist mit hoher Sensitivität und einem exzessiven Drang zur Selbstzerstörung. Kafkas Pathologie zerfällt in zwei Teile: seine masochistische Triebentwicklung, die durch die unaufgelöste Vaterbindung hervorgerufen wurde, d. h. auf der ödipalen Ebene anzusiedeln ist, und seine strukturellen Defizite, die eher von der schwer gestörten Mutter-Kind-Beziehung herrühren.

Kafka arbeitet tagsüber bei einer Versicherung, nachts ist er in seinen Alpträumen gefangen, die er im Morgengrauen zu Papier bringt. Es ist kein Schreiben, es ist ein Gebären, sich losreißen von seinen schaurig-schönen sadistischen Phantasien. Denn eigentlich will er sie nicht mit anderen teilen.

Kafkas Schreiben gleicht einer Sucht, eine Sucht, in der er seine ständig gleich bleibenden Konflikte ausagiert; sein abgewehrtes Bedürfnis nach einer alles verstehenden, alles verzeihenden Mutter. Die Sehnsucht nach einer ihn bewundernden und beschützenden Mutter war und blieb sein Lebensthema. Seine symbiotischen Wünsche, die sich auch in seiner Todessehnsucht offenbarten, wurden immer dann virulent, wenn sich in den Beziehungen zu Frauen Enttäuschungen anbahnten. Sobald sie als stützendes Selbstobjekt nicht mehr zur Verfügung standen, reagierte Kafka mit allen Symptomen einer depressiven Neurose bzw. einer agitierten Depression. Minderwertigkeitsgefühle, Panikattacken und Suizidgedanken drohten ihn zu überwältigen. Seine Angst vor dem Verlassenwerden und dem daraus resultierenden Alleinsein steigerten sich ins Pathologische. Hypochondrische und neurotische Ängste vor Krankheiten fast jeder Genese, gepaart mit Schlaf- und Appetitstörungen, machten es ihm unmöglich, Beziehungen zu anderen Menschen aufrechtzuerhalten.

Phantasierte oder reale Trennung von seinen engsten Bezugspersonen mobilisierte in ihm die Angst, von der Mutter verlassen zu werden bzw. in den Abgründen des Nichtgeliebtwerdens zu versinken. Resignation und Hoffnungslosigkeit breiteten sich in ihm wie eine Wüstenlandschaft aus. Die daraus resultierende Wut richtete er vorwiegend gegen sich selber. Daraus ergab sich ein Alternieren zwischen Autoaggression und dem Versuch, dem Ideal-Ich zu genügen, was ihm immer wieder misslang, misslingen musste. Seine strenge asketische Lebensweise war keine Koketterie, sie war es, die sein brüchiges Ich zusammenhielt. Die – auch nur vorübergehende – Lockerung seines Überichs machte ihm Angst, seine Struktur zu verlieren.

Die Dualität seines Lebens war ihm stets bewusst: Einerseits die krankhafte Suche nach Nähe und andererseits die gläserne Wand, die er vor allem und jedem errichtete. Kafka war ein mitdenkender und mitfühlender Zuhörer, blieb aber selbst immer im Hintergrund und verschloss sein Innerstes wie einen kostbaren Schatz.

Tiefe Befriedigung fand er im bloßen Ansehen von anderen Menschen und auch Dingen, gierig sog er das Gesicht und besonders den Blick geliebter Personen ein. (vgl. auch Kapitel Blick – Blickkontakt).

Es war, als würde er sich von diesem Schauen nähren, seine übergroße orale Gier gestillt werden. Besonders seine Schwester Ottla, die ihm zum Ende seines Lebens hin als Selbstobjekt diente, wurde auch zum »Schau-Objekt«.

Seine große Liebe Milena, der wir den Zyklus der Milena-Briefe verdanken, war hingegen das Ziel aller seiner symbiotischen Wünsche. Er schreibt an sie:

> »Gestern habe ich von Dir geträumt ... ich weiß nur noch, dass wir immerfort ineinander übergingen – ich war Du, Du warst ich ...«

Auffallend ist hier die Ähnlichkeit mit den Interviewpartnern, z. B. den Phantasien der Patientin Mara und des Patienten Axel. Wie sehr sie sich gleichen, hier der Traum, dort die Phantasien, beide Male jedoch Verschmelzungswünsche im engen Sinn.
Kafkas exzessive orale Gier vermischte sich mit seinen sadistischen Triebimpulsen, und die daraus resultierende Aggression lebte er bei Prostituierten und vor allem in zahlreichen Erzählungen aus. Seine Folterszenen erscheinen vielen seiner Leser unerträglich, aber dies bedeutet nichts weiter, als Kafkas differenziertes Innenleben nicht verstanden zu haben. Das Ausagieren seiner sadistischen Impulse im Schreiben sicherte ihm sein psychisches Überleben. Die sexualisierte Aggression, die viele seiner Erzählungen prägt, bewahrten ihn davor, an der rauhen Wirklichkeit zu zerbrechen, bewahrten ihn vor Dekompensation.
Die Kafka-Apologeten aller Zeiten haben immer wieder die Art und Weise betont, wie Kafka den Verfall zelebriert, niemals hingegen die Lust betont, die ihm das bereitet haben mag. Die Metamorphose vom Versicherungsangestellten zum genialen Erzähler vollzog sich Tag für Tag und Nacht für Nacht. In diesem Umstand sehe ich den Grundstein für seine spätere chronisch progrediente Erkrankung der Tuberkulose. Der schmerzliche Prozess des Gebärens seiner Werke glich einer Amputation. Er riss die Erzählungen aus seinem Unbewussten hoch und bereitete so der Tbc ihren Nährboden. Wie viele andere Schriftsteller und auch Anaïs Nin empfand er die Veröffentlichung seiner Werke nicht als einen Triumph, eine Bereicherung, sondern als eine Kastration.
Mit welchen Opfern mag »Der Prozess« erkauft worden sein? Welche Schmerzen, welche Pein muss ein Mensch erleiden, um fähig zu sein, solch eine Erzählung zu verfas-

sen? Die suggestive Kraft, in der er den Verfall darstellt, musste ihn zwangsläufig zusammen mit seiner labilen Konstitution in die Arme einer tödlichen Krankheit treiben. (Meine Phantasie dazu: »In die Arme treiben«, wie bei einer Frau, die ihn immer wieder enttäuschte, statt dessen »Liebschaft« mit seinem über alles geliebten Schreiben.)

Oft träumte Kafka, als Maikäfer oder Hirschkäfer über allen zu schweben und allen zu gebieten. Diese omnipotent narzisstischen Träume und Phantasien waren häufig, aber er überließ sich ihnen nicht. Der Größenwahn, der einen wesentlichen Teil seiner Störung ausmachte und der bei allen Narzissten die Kehrseite der Depression darstellt, war bei Kafka nicht leicht auszumachen. Obschon vorhanden, verstand er es hervorragend, sie zu verstecken, zu groß war die Scham, besonders vor der Mutter.

Selbst gegen Ende seines Lebens, als die Symptome seiner Erkrankung, wie anfallartige Dyspnoe, hohes Fieber und Pleuraergüsse ihn immer mehr beeinträchtigten, konnte er vom Schreiben nicht lassen. Nacht für Nacht schrieb er sich in seinen Rausch, bis die unendliche körperliche Erschöpfung ihn zum Aufhören zwang. Er konnte sich nicht dem Fluss seines Unbewussten überlassen, das schien ihm zu bedrohlich. Darin bestand das eigentlich selbstzerstörerische Element in seinem Leben und darin besteht auch ein gravierender Unterschied zu Anaïs Nin, die in ihrem Unbewussten schwamm wie ein Fisch im Wasser. Sie war in ihrem Element, Kafka hingegen marterte seinen Körper, er lernte es nie, in adäquater Weise sowohl mit seinem Genie als auch mit seiner Erkrankung umzugehen.

Sein Körper war ihm ein lästiges Anhängsel, er blieb ihm ein Leben lang fremd. Anaïs Nin dagegen bewohnte ihren Körper, fühlte sich in ihm zu Hause. Im Tanz und in ihrer

exzessiv ausgelebten Sexualität suchte und fand sie ein Ventil.
Kafka hingegen verkroch sich in ihm, zog sich wie ein Tier in seinen Panzer, sein Schneckenhaus zurück. So loderte und brodelte es beständig in ihm, die verzehrende Sehnsucht nach Nähe und sein aufgestauter leiblicher Narzissmus.
Aber Kafkas frühe Störung kann nicht über die ödipale Situation hinwegtäuschen. Im »Urteil« beschreibt er die wechselseitigen Verschränkungen zwischen einem Vater und seinem Sohn, die Ambivalenz von Liebe und Hass. Kafkas Vater war ein vitaler, psychisch jedoch recht undifferenzierter Mann, der seinen zarten, sensitiven Sohn Franz niemals verstand. Zu einem rivalisierenden Vater-Sohn-Verhältnis, das so nötig für die weiteren Entwicklungsschritte gebraucht wird, konnte es nicht kommen. Der Vater kastrierte Franz und schüchterte ihn auf eine Art und Weise ein, dass Franz sich immer stärker mit der Mutter identifizierte und vom Vater abwandte. So ist es nicht zu einer Triangulation in der Familie Kafka gekommen und Franz blieb an die ödipalen Wünsche fixiert. Allenfalls kann man von einem frühzeitigen Verlassen der Symbiose sprechen, ein Mechanismus, der von Rohde-Dachser als »Flucht nach vorn« beschrieben wird.
(Rohde-Dachser, 1987, S. 779)
Wenn die Mutter-Kind-Dyade, wie bei Kafka der Fall, schwer gestört ist, in diesem Fall durch die Depression seiner Mutter nach dem Tod seiner beiden Brüder, sieht das Kind dieses Verhalten als allerletzten Ausweg an. Durch die ungenügend erfahrene Symbiose war Kafka zu unreif für die ödipale Situation, wie es bei den meisten Narzissten der Fall ist.
Kurz vor seinem Tod bemühte Kafka sich um die Versöhnung mit dem Vater; er schrieb ihm einen Brief, in dem

seine Zuneigung und Identifikation deutlich wird. Der »Brief an den Vater« ist der letzte Versuch der Aufarbeitung seines Ödipuskomplexes, der aber an dem unempathischen und derben Vater scheitern wird. Vom Vater bleibt er für immer getrennt. So überlässt er sich vollständig der Regression in die Tbc. In einem Brief an Milena schreibt er:

> »Jedenfalls verhalte ich mich heute zu der Tuberkulose wie ein Kind zu den Rockfalten der Mutter, an die es sich hält.«

Er erfuhr die Krankheit wie ein Zurückkehren in den mütterlichen Schoß, eine fulminante Regression. Was die Mutter ihm nicht hatte geben können, das nahm er sich jetzt in seiner schweren Erkrankung, die einen letalen Ausgang nehmen sollte.
Kafka lernte es nie, sich in seinen Werken zu verströmen wie andere Künstler, ständig musste er haushalten in einer, sein Leben bedrohenden Askese. Zu wenig Sicherheit hatte ihm seine Mutter vermittelt, einsam und in seinem Innersten ganz allein, teilte er sein Genie ein, wie er sich auch sein Essen einteilte, aus der lebensbedrohlichen Angst vor Desintegration. Sich im Schreiben zu verlieren, bedeutete für Kafka höchste Gefahr, während es für Anaïs Nin die höchste Lust bedeutete. Dieser Umstand legt den Schluss nahe, dass Nins strukturelles Niveau höher gewesen sein muss, höher jedenfalls als das Strukturniveau Kafkas. Wie sein Held Gregor Samsa fühlt er sich gefangen in seinem Körper, reale, sich bahnbrechende Körperlichkeit galt es zu unterdrücken. Wie Gregor Samsa hegt auch Kafka inzestuöse Gefühle für seine jüngere Schwester, stark autobiographische Züge beherrschen sein gesamtes Werk. Auch Kafkas Vater-Sohn-Konflikt wird in die »Verwandlung« eingearbeitet in einer Schärfe und Bri-

sanz, die nur das physische und psychische Überleben eines Mannes zulässt. Kafkas Hass auf den Vater wird in dieser Zeit virulent, er durchbricht das Unbewusste. So wird seine intrapsychische Realität in sprachliche Realität verwandelt, dieser alchimistische Prozess, diese Metamorphose prägt jede einzelne seiner Arbeiten. Kafkas Schreiben ersetzte eine Psychoanalyse, Unbewusstes wird bewusst, inneres Erleben erhält eine reale Gestalt. Er besaß genügend Reflexionsvermögen und analytischen Geist, um sich Nacht für Nacht in seinem Schreiben quasi einer Selbstanalyse zu unterziehen.

Anaïs Nin

An dieser Stelle erscheint mir die Überleitung zu Anaïs Nin sinnvoll, die sich im Laufe ihres Lebens viermal einer Analyse unterzog: Die eine bei dem französischen Psychoanalytiker René Allendy, die andere bei dem Freud-Schüler Otto Rank. Die dritte und vierte Analyse absolvierte sie bei zwei Analytikerinnen, 1942 bei Martha Jaeger, 1951 bei Dr. Inge Bogner in New York. Die Analyse hat Anaïs ein Leben lang begleitet. Sie spiegelt ihr zwanghaftes Bedürfnis zum Hinterfragen, Selbstbespiegeln und Zergliedern seelischer Phänomene wider. Anaïs Nin ist die Tochter eines spanischen Komponisten und einer dänischen Sängerin. Der Vater verlässt die Familie, als Anaïs zehn Jahre alt war. Die Trennung vom Vater überwindet Anaïs Nin nie, das Trauma des Verlassenwerdens quält sie ein Leben lang. Sie perpetuiert dieses Trauma in allen ihren Liebesbeziehungen, bemüht sich immer wieder, so ein liebenswerter Mensch zu werden, dass niemand sie mehr verlässt.

Ihr Grundgefühl ist das der Unsicherheit, der Unruhe, der Agitiertheit. Die Dualität ihres Lebens, hervorgerufen durch die dauernden Übersiedelungen von einem Kontinent zum anderen, von Paris nach New York, dann wieder nach Paris und wieder nach New York, später dann die Aufspaltung ihres Wirkens an der Ostküste (New York) und der Westküste (Los Angeles), hat sie nachhaltig geprägt.

Die Trennung vollzieht sich räumlich, aber in erster Linie intrapsychisch, sie symbolisiert das Auseinanderbrechen ihrer Welt in ihr surrealistisches Schreiben und ihre Welt als Ehefrau, Geliebte, Tochter und Muse vieler Künstler.

Die Kontinuität ihrer Lebenslinie riss immer wieder ab. Gefährliche Brüche kennzeichnen ihren Lebensweg. Im-

mer wieder geht sie ins Exil, versucht damit der inneren Leere entgegenzuwirken. Sie sucht neue Eindrücke, wenn die Isolation, die Entwurzelung unerträglich werden. Ihr Schreiben ist die Spurensuche an sich selbst, die Vergewisserung, dass sie noch lebendig ist, immer wieder, ein Leben lang. Tödliche Angst treibt sie immer wieder an, weiter zu arbeiten, sich zu verströmen, um nicht in Desintegrationsangst zu versinken.
Ihre Entwurzelung beschreibt sie in eindrucksvoller Weise in der autobiographischen Erzählung »Eiszeit«:

> »Selbst Geschenke zu lieben, die sie erhielt, fiel ihr schwer, denn sie wusste, dass sie ihr bald wieder entrissen würden, wie der Vater ihr entrissen worden war, als sie ihn so leidenschaftlich liebte; genau wie jedes Zuhause, das sie als Kind hatte, zerschlagen, verkauft wurde, verloren ging. Jedes Land wurde mit einem anderen vertauscht, sobald sie Wurzeln geschlagen hatte. Ihre ganze Kindheit hatte nur aus Verlust, Veränderung und Unsicherheit bestanden.«

(Anaïs Nin: Eiszeit, in: Unter einer Glasglocke. Erzählungen, München 1989, Seite 195)
Die symbiotische Beziehung, die sie mit dem Vater verband, beherrscht in den Jahren der Adoleszenz ihr ganzes Denken und Fühlen. In Tagträumen imaginiert sie die Wiedervereinigung mit dem Vater, das Schreiben des Tagebuches wird in dieser Zeit zu Briefen an ihn, das verlorene Liebesobjekt. Im Gegensatz zu Kafka findet die Nin immer ein Ventil für ihre Verwundungen, sie fallen auf fruchtbaren Boden, sie findet aus allzu tiefen Regressionen allein wieder heraus. Dies macht ihre Prosa, ihre Tagebücher, ihre erotischen Erzählungen so kraftvoll. Die narzisstische Kränkung wird verwandelt in eine Prosa,

die alles in sich vereint: Kraft, Anmut, Vitalität und Sinnlichkeit. Die Vergangenheit, die Traumata ihrer Kindheit, saugen ihre Gegenwart nicht auf, wie bei Kafka, sondern befähigen sie zu einer Sinnlichkeit und Sensibilität, die in der Literatur nicht häufig zu finden sind.
Vom heutigen Stand der psychoanalytischen Forschung betrachtet, sind sowohl Kafka wie Nin als narzisstische Persönlichkeitsstörungen einzustufen, bei beiden liegt die Motivation für ihre großartigen Werke im Grund ihrer Störung. Aber auf welch unterschiedliche Weise wird die schwere Störung von beiden verarbeitet? Bei Kafka zum Zwecke der Selbstzerstörung, bei Nin jedoch zum Zwecke der Selbstbefreiung. Obwohl Anaïs Nin auf uns den Eindruck einer zarten, ätherischen, hypersensiblen Persönlich-keit macht, kann man auf keinen Fall von einer physischen oder psychischen Schwäche oder gar Neurasthenie sprechen. Im Gegenteil: Auffallend ist immer wieder ihre Kraft, die Kraft der Darstellung, die Kraft der Selbsterhaltung und nicht zuletzt die Kraft der Phantasie, der halluzinatorischen Wunscherfüllung.
Diese Antinomie hat sie stets sorgfältig gehütet und wurde dadurch gleichermaßen interessant für Frauen wie für Männer. Ihren ersten Ehemann Hugh Guilier idealisierte sie grenzenlos und lebte mit ihm lange Zeit in einer idealisierten wie auch einer Zwillingsübertragung. Diese Phantasie des »Wir sind eins« hat sie in ihren Beziehungen immer wieder gesucht. Die Beziehung zu Hugo lässt ihre philosophischen Erkenntnisse mit den sinnlichen Erkenntnissen verschmelzen. Aber auch in ihren homoerotischen Lieben lebt sie eine Zwillingsphantasie, z. B. mit June, der Frau Henry Millers.
Anaïs liebte die Höhepunkte im Leben, das extreme Leiden und die zum Exzess gesteigerte Leidenschaft. Ihr ganzer Kosmos sollte nur aus Höhepunkten bestehen, das

alltägliche Leben war ihr fremd, interessierte sie nicht. Sie war eine Frau, die besondere Erfahrungen sammelte und hortete wie einen Schatz, ein Vermächtnis. Sie war geradezu süchtig nach neuen Erfahrungen, ein »Nimmersatt« im Schauen und Betrachten. Anaïs Nin nährte sich vom Schauen und Analysieren des Geschauten; wenn ihr die Worte fehlten, halfen ihr ihre Analytiker die Sprachlosigkeit zu überwinden. Besonders Dr. Inge Bogner suchte sie bis zum Ende ihres Lebens auf, um bei ihr Hilfe zu finden. Dazu passend finde ich bei ihr folgende Passage in: Anaïs. International Journal, 1990, p. 47, (eigene Übersetzung):

> »Ich habe auch gelernt, dass es die Augenblicke der Krisen sind, die am wichtigsten für den Menschen sind. Ich wählte die Höhepunkte, weil sie die Augenblicke der größten Offenbarung sind.«

Wie Kafka sucht auch Nin immer wieder die Augenblicke der Ekstase, um sich lebendig zu fühlen, aber im Gegensatz zu ihm ist sie auch stark in der Realität ihrer Familie verwurzelt. So lebt sie lange Zeit in ihrem großen Haus in Louveciennes zusammen mit ihrem Ehemann, ihrer Mutter, ihrem Bruder Joaquin und ihrem Vetter Eduardo. In Louveciennes spielt sie die biedere Hausfrau, versorgt die Familie, in Clichy lebt sie mit Henry Miller und seiner Frau June ein bohemehaftes Vagabundendasein. In Phasen der Depression zieht sie sich in den Schoß der Familie zurück, um dann aus der Regression aufzutauchen und wieder ihren Narzissmus und ihren Größenwahn bei weltberühmten Künstlern zu befriedigen: Antonin Artaud, Lawrence Durell und Conrad Moricand gehören zu ihrem engeren Kreis. Die Familie war es, die sie immer wieder von ihren Höhenflügen auf die Erde zurückholte.

Nins Schreiben erscheint als eine einzige Retrospektive ihrer Kindheit und Adoleszenz. Ihr Hunger nach Harmonie, der in ihrer Kindheit niemals Erfüllung fand, er war es, der sie ein Leben lang antrieb, die nie gekannte Homöostase doch noch zu finden. All ihre Liebesbeziehungen, alles was wahr war und darüber hinaus, das, was ihr angedichtet wurde, hatte nur den einen Grund: Die verloren gegangene Symbiose mit dem Vater wiederherzustellen. Sie suchte das intensive Gefühl, ohne Pathos, ohne Bedauern, und diese Intensivierung trieb sie beinahe an die Grenze der Selbstauflösung. Sie schrieb, um zu überleben, den Verlust des Vaters zu verschmerzen, ein Leben lang.

Ihrer seelischen Not haftete nichts Gekünsteltes an, sie war existenziell. Die frühen Vertrauensverluste, die sie sowohl vom Vater als auch von der Mutter erlitten hatte, hatten tiefe Wunden geschlagen. Ihre Romane und Erzählungen sind Antizipationen, wie eine Welt sein könnte, die ihr lebenswert erschien. Alle Menschen, die sie kennen lernte, wurden zu Figuren in ihren Romanen, es waren Teil-Ichs ihrer selbst. Von sich selbst abgespalten, verloren sie ihre Bedrohlichkeit für sie. Nins vorherrschender Abwehrmechanismus war der der Spaltung, die reale Welt war böse, die phantasierte, surreale, die Welt der Künstler, war gut. Nur durch diesen frühen Abwehrmechanismus schien ihr das Leben erträglich.

Nins Erzählungen sind geprägt von animalischer Schönheit und sinnlichem Erlebnishunger. Dieser Hunger lässt sie immer wieder die Ekstase suchen, sowohl bei Henry Miller als auch bei ihrem Analytiker und späteren Liebhaber René Allendy. Sie ist ständig auf der Suche nach dem sensiblen Künstler und erfahrenen Geliebten in einer Person. Bei all diesen Männern reinszeniert sie die Beziehung zu ihrem Vater. Der Körper ihres Vaters erscheint ihr so vertraut wie ihr eigener, die Grenzen sind fließend, verwischen sich. Sie ist er und er ist sie. Es hat keine Subjekt-Objekt-Trennung stattgefunden. Ihre Selbstrepräsentanzen sind zu fragil, um eine wirkliche Trennung vornehmen zu können. Ihr Vater ist Gott, Liebhaber und Künstler zugleich. Nin imaginiert die Vereinigung mit dem über alles geliebten Vater ein Leben lang. Nur durch ihn kann sie sich selbst lieben. Nur wenn er als Selbstobjekt zur Verfügung steht, gelingt es ihrem fragmentierten Ich, sich selbst anzunehmen, sich zu lieben. Im Jahr 1933 kommt es in einem dreitägigen Liebesrausch zu einem vollzogenen Inzest. Sie hat ihre Phantasien wahr gemacht. Und dennoch ist sie nicht glücklich, schwere Schuldgefühle quälen sie, Gefühle der eigenen Unzulänglichkeit und Unsicherheit. Die Gier nach Erfüllung ihrer Sehnsucht hat auch ihr Vater nicht stillen können. Zurück blieb nur ein überwältigendes Gefühl der Leere, der Desintegration.

Anaïs Nin ist in gleicher Weise wie Franz Kafka immer wieder von Selbstauflösung und Fragmentierung bedroht, jedoch versteht sie es besser als Kafka, damit umzugehen. Sie hat viele Freunde, die ihr in diesen Zeiten beistehen, im Gegensatz zu Kafka wird sie von einem funktionierenden sozialen Netz immer wieder aufgefangen. Zusätzlich bleibt sie nahezu ihr ganzes Leben lang in analytischer Behandlung, d. h., sie ist ständig in der Lage, auf die Analytiker als stützende, haltgebende Selbstobjekte zurückzugreifen. Kafka dagegen zieht sich auch in Notzeiten immer mehr in sich selbst zurück, anstatt von außen Hilfe zu suchen oder gar zu erbitten.

Anaïs' Inzest mit dem Vater zeigte ihr auf, dass es nicht die Erfüllung ihrer Sehnsüchte war, nach der sie so verlangte, sondern die Sehnsucht selber. Die Sehnsucht nach einer Einheit, die die Spaltung aufheben und die Symbiose wieder herstellen sollte. In dieser Hinsicht war die Inzesthandlung für Anaïs ein Symptom ihres pathologischen Narzissmus. In ihrer Erzählung »House of Incest« (München 1984) beschreibt sie den Narzissmus in ihrer luziden Art und Weise folgendermaßen:

> »Könnten wir doch alle dem Haus des Inzest entfliehen, indem wir im anderen nur uns selbst lieben ...«

Wie bei allen narzisstischen Persönlichkeitsstörungen liegt auch bei Nin dem Narzissmus der Wunsch nach Wiedervereinigung zugrunde, der Vereinigung mit dem frühesten Liebesobjekt, der Mutter.

Anaïs Nins Werk ist ein gutes Beispiel für die immense Kraft der Imagination. Im Gegensatz zu Kafka verstand sie es, mittels ihrer Phantasie viele Dinge erträglicher zu machen, sie verwandelte die Realität, transzendierte sie. Die Metamorphose fand täglich, stündlich statt. Immer wieder versuchte sie die harte Schale ihres Egos zu durchbrechen, im Tanz, in der Psychoanalyse, in ihren Liebesbeziehungen. Phantasie und Realität verschmolzen, Innen- und Außenwelt schoben sich bei ihr ineinander, ohne dass sie jemals Gefahr lief, psychotisch zu dekompensieren.

Ihr Credo war die Bewusstmachung des Unbewussten, die Psychoanalyse war ihr ständiger Begleiter. Trotz ihrer schweren Erkrankungen, der Krebserkrankung und der narzisstischen Persönlichkeitsstörung, verlor sie ihre Ambitionen nie.

Die zentralen Themen ihres Werkes, die Emanzipation der Frau, der Surrealismus in Kunst und Literatur sowie die grundsätzliche Bisexualität des Menschen, waren immer präsent, ihren Idealen wurde sie niemals untreu.

Anaïs war eine starke Frau, trotz aller seelischer Verwun-

dungen. In ihren späteren Jahren ruhte sie, wie selbstverständlich, in sich selbst.
Anaïs Nin starb im Jahre 1977 nach einem erfüllten Leben im Alter von 74 Jahren an ihrer Krebserkrankung. Die Spaltung ihres Lebens setzt sich auch nach ihrem Tode fort. Es finden zwei Trauerfeiern statt, die eine in New York und die andere in Los Angeles. Zwei Ehemänner trauern um sie, Rupert Poole und Hugo Guillier. Sie hinterließ uns ihr Vermächtnis, ihre Tagebücher, die in ihrer Luzidität als auch ihrer Selbsterkenntnis kaum zu übertreffen sind.

Anhang

Briefe von Patienten an die behandelnden Analytiker

Brief von Dagmar an ihre Analytikerin

Sehr geehrte Frau Dr. X,

... Die letzte Therapiestunde verließ ich voller Verzweiflung und Resignation. ... Ich fühle mich absolut ohnmächtig und habe kaum mehr Hoffnung, dass ich doch noch »richtig« verstanden werde.
Ich gebe zu, ich habe große Angst, dass Sie auch dieses, mein briefliches Anliegen, nicht akzeptieren können oder wollen, da ich als Neurotikerin von Therapeuten ja nicht für voll genommen werden kann. Trotzdem wage ich es als Laie und Betroffene zur besagten analytischen Behandlungsregel Stellung zu nehmen. Kurz gesagt, es geht um die sogenannte analytische Abstinenz des Therapeuten.
Ich möchte Sie für die nächstfolgenden Zeilen bitten, nicht alles damit abzutun, dass die Patientin im Zuge ihrer Neurose natürlich vollkommen unfähig ist, die Wichtigkeit dieser Behandlungsregel abzuschätzen und alles einfach mit der Äußerung: Das ist ja null und nichtig, außerdem hat die keine Ahnung von Psychoanalyse, beiseite zu schieben. Ich habe einfach Angst, dass Sie dies alles nur mit einem innerlichen Kopfschütteln lesen und bloß als mein persönliches Problem abtun.
An meinem Weiterleben, bis jetzt, hatten bestimmte The-

rapieerfahrungen entscheidenden Anteil. Jedes Mal, wenn Sie Ihre analytische Neutralität (ich nenne es analytische »Hülle«) überwanden, Sie in gewisser Weise Ihre Menschlichkeit nicht mehr hinter der »Hülle« verbergen konnten, brachten Sie etwas in die Therapie ein, das für mich kurz vor dem Selbstmord lebensrettend war. Es waren von Wärme und Mütterlichkeit geprägte Äusserungen: Ihr Versprecher, ich habe ihn schon häufiger erwähnt,
(aus dem Versprecher ging hervor, dass die Analytikerin das ganze Wochenende innerlich mit der Patientin beschäftigt war und sich gesorgt hatte)
der Satz: »Ich habe es einfach nicht mehr ausgehalten und habe deshalb bei Ihnen angerufen, ich wollte wissen, was mit Ihnen los ist«; der längere Händedruck (das liegt schon lange zurück); Ihre, für eine neutrale (!) Analytikerin wirklich nicht regelkonforme Verhaltensweise, mich schon an der Tür, noch vor der Begrüßung (!), zu fragen: »Ich habe mir schon Sorgen gemacht, was war denn am Montag los, warum kamen Sie nicht?«
Sie werden es nicht glauben, jedes Mal, wenn ich kurz vor dem Selbstmord stand (am Bahnsteig, im 12. Stockwerk …), steigen mir genau diese eben genannten Erinnerungen auf. Es sind also jene Momente, wo mir der Mensch Dr. X und nicht die analytische Hülle in den Sinn kommt. Eine der wirklich interessanten und aufschlussreichen Deutungen kam mir in solch kritischen Situationen bis jetzt noch nicht ins Gedächtnis.
Ich habe wahnsinnige Angst, dass Sie Ihre Stärke: Wärme, Mütterlichkeit, Ihre spontanen Äußerungen von Sorge und Verständnis aufgeben zu Gunsten einer korrekten, regelkonformen Behandlungsweise. Wenn es das Ausbildungsinstitut z. B. über den Supervisor schaffen sollte, mit das Wertvollste Ihrer therapeutischen Fähigkeit zu zerstören, habe ich Angst um die folgenden Patienten, die

ebenfalls den Menschen Dr. X brauchen. Sicherlich gibt es auch Fälle, vielleicht mit der Erfahrung einer »Glucken-Mutter«, die gerade ein größeres Ausmaß an Distanz und damit mehr analytische Neutralität benötigen, um die Erfahrung zu machen, dass nun endlich ein Mensch ihre Grenzen respektiert.
Meine Ohnmacht sehe ich darin, dass ich nichts dagegen tun kann, wenn Sie innerhalb Ihrer Ausbildung zu absoluter analytischer Neutralität angehalten werden. Denn zu ihrem ganz persönlichen therapeutischen Vorgehen, zu Ihrer Persönlichkeit passt diese extreme Distanz nicht. Ich machte jedes Mal einen innerlichen Luftsprung, wenn Ihre Mütterlichkeit aus Ihnen herausbrach, ja geradezu herausmusste. …
Ich brauche einfach einen Menschen, den ich erreiche, und nicht wieder eine kalte Wand (meine Mutter), an der ich einfach abpralle. …
Mir bleibt zum Schluss nur eine Äußerung, die ich sehr ernst meine. Ich gehe an zu extremer Neutralität kaputt. Sollten Sie und Ihr Supervisor mich nicht verstehen und in meinem Falle ein unbedingtes Festhalten daran fordern, kann ich für nichts garantieren. Ich weiß, dies klingt wieder nach Zwang, aber es geht um mein Überleben. Denn ich kann in diesem Leben nichts verlieren, nein, ich bin sogar bereit, Ihnen mit meinem Tod zu zeigen, dass Patienten Menschen brauchen. Vielleicht sind Sie dann bei anderen Patienten etwas vorsichtiger. Mein Tod hätte somit noch etwas Gutes bewirkt und vielleicht in Zukunft Folgendes vermieden: Behandlungsregeln exakt eingehalten – Patient(in) tot.
Vielleicht bereuen Sie nun endgültig, mich jemals in Behandlung genommen zu haben.

Dagmar

Brief von Mara an mich

Liebe Frau Kaminski,
seit Freitag bin ich nun krank. Diesmal hat mich ein »echter« Grippevirus erwischt. Wie es halt so ist: Gliederschmerzen, Fieber usw. Heute ist der erste Tag von einer echten Verbesserung meines Gesundheitszustandes.
Ich denke öfter über die Beziehung von uns beiden nach und durch das Kranksein, das meinen Körper zur Ruhe zwang, kam ich noch genauer zum Denken.
Also: Unsere Gespräche über meine Therapie habe ich einerseits oder zunächst als Bereicherung empfunden. Nach und nach wandelte sich jedoch das Bild. Sie wurden immer mehr zu einem »Prediger in der Wüste«. Andere Aspekte, andere Möglichkeiten, die im Kontakt zwischen uns potentiell da sind, gingen unter.
Ich brauche ein Netz zur Kontrolle meiner Therapiesituation; ich habe es mir jetzt im professionellen Rahmen organisiert. Ich gehe zur kostenlosen Beratung ins FTZ (Frauen-Therapie-Zentrum, M. K.), wenn ich misstrauisch bin meiner Therapeutin gegenüber. Dort ist diese beratende Funktion gut aufgehoben. Ich habe demnach mein Bedürfnis nach Unterstützung von außen befriedigt.
Meine Entscheidung habe ich für eine Thera- pie bei meiner Therapeutin getroffen. Mit allen Vorbehalten, die ich habe. Ich entscheide mich nicht aus »Blauäugigkeit« für diese Frau. Sie hat mittlerweile auch selber gesagt, dass sie die Therapiesituation mit mir unsicher gemacht hat und sie mehrere längere Gespräche mit Kollegen darüber hatte.
Ich denke, es ist machbar mit echtem Einsatz von mir. Mit mehr Mut und eben auch Kontrolle von außen durch die FTZ-Therapeutin. Sie haben eine andere, kompromisslosere Haltung dazu.

Ich habe eine sehr facettenreiche Meinung und Haltung zu meiner Therapie bei Frau F. Vielleicht werde ich mich mit Ihrer Meinung noch auseinander setzen müssen. Ich trage auch einen Teil davon in mir.
Ich möchte nicht, dass Sie meine Entscheidung für eine Therapie bei Frau F. als absolutes Gutheißen dieser Therapie sehen. Die Waagschale war knapp – Ich schreib' Ihnen jetzt einfach mal meine Gefühle. Ich mag Sie sehr gerne, Sie sind mir wichtig und ich möchte einen regelmäßigen Kontakt zu Ihnen halten.

Gut,
also bis demnächst

Einen lieben Gruß von Mara

Literatur

Aichhorn, August: Psychoanalyse und Erziehungsberatung, Reinhardt Verlag München, 1976
Anzieu, Didier: Das Haut-Ich, Suhrkamp 1991
ders.: Psychoanalyse und Sprache, Paderborn: Junfermann, 1982
Argelander, Hermann: Der Flieger, Suhrkamp, Frankfurt 1972
Balint, Michael: Die Urformen der Liebe und die Technik der Psychoanalyse, Stuttgart 1966, dtv
ders.: Therapeutische Aspekte der Regression, Stuttgart, Klett 1966, dtv 1988
Battegay, Raymond: Narzissmus und Objektbeziehungen, Bern–Stuttgart–Wien 1979
Cremerius, Johannes: Gibt es zwei psychoanalytische Techniken?, in: Psyche 33, 1979, S. 577–599
ders.: Kohuts Behandlungstechnik. Eine kritische Analyse, in: Die neuen Narzissmustheorien 1981, gekürzt in: Psyche 36, 1982, S. 17–46
ders.: Die Bedeutung des Dissidenten für die Psychoanalyse, in: Psyche 36, 1982, S. 481–514
ders.: Die Sprache der Zärtlichkeit und der Leidenschaft, in: Psyche 36, 1982, S. 988, 1015
ders.: Die psychoanalytische Abstinenzregel. Vom regelhaften zum operationalen Gebrauch, in: Psyche 38, 1984, S. 769–800
Davis, Madeleine; Wallbridge, David: Eine Einführung in das Werk von D. W. Winnicott, Klett-Cotta, Stuttgart 1983
Dolto, Francoise: Praxis der Kinderanalyse, Klett Verlag, Stuttgart 1980
Dornes, Martin: Der kompetente Säugling, Fischer Verlag, Mai 1993
Eissler, Kurt: Todestrieb, Ambivalenz, Narzissmus, München 1980
Ferenczi, Sándor: Sprachverwirrung zwischen dem Erwachsenen und dem Kinde, Bausteine zur Psychoanalyse, Band III, S. 511
ders.: Schriften zur Psychoanalyse, Band I + II, FischerVerlag 1982
ders.: Ohne Sympathie keine Heilung, Fischer Verlag, Frankfurt 1988
Finger, Urte: Trennungstrauma und narzisstische Persönlichkeitsstörung, in: Psychoanalyse 1, 1980, S. 41–46
ders.: Wirkfaktoren in Einzelanalyse und Gruppenanalyse, Frommann-Holzboog 1991
Fürstenau, Peter: Die beiden Dimensionen des psychoanalytischen

Umgangs mit strukturell ichgestörten Patienten, aus: Fürstenau: Zur Theorie psychoanalytischer Praxis, Stuttgart 1979
Gattig, Ekkehard; Zepf, Siegfried (Hrsg.): Selbstverständigungen, Aus der Werkstatt der Psychoanalyse, Springer Verlag, Berlin 1988
Greenson, Ralph R.: Technik und Praxis der Psychoanalyse, Klett Verlag, Stuttgart 1975
Grunberger, Bela: Vom Narzissmus zum Objekt, Frankfurt 1976
ders.: Narziss und Anubis, Verlag Internationale Psychoanalyse, München–Wien 1988
Henseler, Heinz; Wegner, Peter (Hrsg.): Psychoanalysen, die ihre Zeit brauchen, Westdeutscher Verlag 1993
Kafka, Franz: Der Prozess, Frankfurt 1950
ders.: Briefe an Milena, Frankfurt 1952
ders.: Die Erzählungen, Frankfurt 1961
ders.: Briefe, Frankfurt 1966 a
ders.: Hochzeitsvorbereitungen auf dem Lande, Frankfurt 1966
ders.: Tagebücher, Frankfurt 1967
ders.: Briefe an Felice, Frankfurt 1970
ders.: Briefe an Ottla, Frankfurt 1974
Kernberg, Otto: Borderline-Störungen und pathologischer Narzissmus, Frankfurt 1989
Klussmann, R.; Mertens, W.; Schwarz, F. (Hrsg.): Aktuelle Themen der Psychoanalyse, Springer Verlag, Berlin 1988
Köhler, Lotte: Über einige Aspekte der Behandlung narzisstischer Persönlichkeitsstörungen im Lichte der historischen Entwicklung psychoanalytischer Theoriebildung, in: Psyche 32, 1978, S. 1001–1058
Kohut, Heinz: Narzissmus, Suhrkamp Verlag, Frankfurt 1973
ders.: Die Heilung des Selbst, Suhrkamp Verlag, Frankfurt 1979
ders.: Formen und Umformungen des Narzissmus, in: Psyche 20, 1966, S. 561–587
ders.: Wie heilt die Psychoanalyse?, Suhrkamp Verlag, Frankfurt 1987
Kutter, Peter: Moderne Psychoanalyse, Verlag Internationale Psychoanalyse, München–Wien 1989
Laplanche, J. D.: Einige Parallelen zwischen den Ergebnissen der Säuglingsbeobachtung und klinischen Beobachtungen an Erwachsenen, besonders Borderline-Patienten und Patienten mit narzisstischer Persönlichkeitsstörung, in: Psyche 44, S. 871–901
Little, Margaret: Die Analyse psychotischer Ängste, Klett-Cotta, Stuttgart 1994
Mahler, Margaret; Pine, Fred und Bergmann, Anni: Die Psychische

Geburt des Menschen. Symbiose und Individuation, Fischer Verlag, Frankfurt 1978
Mertens, Wolfgang: Einführung in die psychoanalytische Therapie, Band 1–3, Kohlhammer Verlag, Stuttgart 1991
Miller, Alice: Zur Behandlungstechnik bei sog. Narzisstischen Neurosen, in: Psyche 25, 1971, S. 641–669
Minden, Gerald v.: Der Bruchstück-Mensch. Psychoanalyse des frühgestört-neurotischen Menschen der technokratischen Gesellschaft, Basel, Reinhardt 1988
Moser, Tilmann: Das erste Jahr, Suhrkamp Verlag, Frankfurt 1986
ders.: Lehrjahre auf der Couch, Suhrkamp Verlag, Frankfurt 1974
Nin, Anaïs: Die Tagebücher der Anaïs Nin 1, dtv München 1971
ders.: Die Tagebücher der Anaïs Nin 2, dtv, München 1972
ders.: Die Tagebücher der Anaïs Nin 3, dtv, München 1974
ders.: Das Kindertagebuch 1914–1919, Fischer, Frankfurt 1982
ders.: Das Kindertagebuch 1919–1920, Fischer, Frankfurt 1983
ders.: Die Tagebücher der Anais Nin 1944–1947, Fischer, Frankfurt 1979
ders.: Die Tagebücher der Anais Nin 1947–1955, Fischer, Frankfurt 1980
ders.: Die Tagebücher der Anais Nin 1955–1966, Fischer, Frankfurt 1981
ders.: Die Tagebücher der Anais Nin 1966–1974, Fischer, Frankfurt 1984
ders.: Leitern ins Feuer, Fischer, Frankfurt 1982
ders.: Sanftmut des Zorns, Fischer, Frankfurt 1982
ders.: Ein Spion im Haus der Liebe, dtv, München 1972
ders.: Kinder des Albatros, Fischer, Frankfurt 1984
ders.: Die neue Empfindsamkeit, Fischer, Frankfurt 1982
ders.: Unter einer Glasglocke, Fischer, Frankfurt 1981
Racker, Heinrich: Übertragung und Gegenübertragung, Studien zur psychoanalytischen Technik, Ernst Reinhardt Verlag, München 1978
Reich, Wilhelm: Charakteranalyse, Kiepenheuer & Witsch Verlag, Köln 1971
Reik, Theodor: Hören mit dem dritten Ohr, Hoffmann und Campe Verlag, Hamburg 1976
Sandler, A.: Dialog ohne Worte – Nichtverbale Aspekte der psychoanalytischen Interaktion, in: Psyche 37, 1983, S. 701–714
Sandler, Joseph: Gegenübertragung und Bereitschaft zur Rollenübernahme, in: Psyche 30, 1976, S. 297–305

Schlieffen, Henning Graf von: Psychoanalyse ohne Grundregel, in: Psyche 37, 1983, S. 481–496

Sugerman, Shirley: Narzissmus als Selbstzerstörung, Walter Verlag, Olten 1978

Sutherland, J. D.: The British Object-Relation Theorists Balint, Winnicott, Fairbairn, Guntrip, aus: Journal of the American Psychoanalytic Association 28, 1980, p. 829–860

Thomä, Helmut; Kächele, Horst: Lehrbuch der psychoanalytischen Therapie, Springer Verlag, Berlin 1992

Tschuschke, V. u. Czogalik, D. (Hrsg.): Psychotherapie – welche Effekte verändern?, Springer Verlag, Berlin 1990

Wahl, Heribert: Narzissmus? Stuttgart 1985

Wallerstein, Robert S.: Zum Verhältnis von Psychoanalyse und Psychotherapie, in: Psyche 44, 1990, S. 967–994

Weiss, Heinz: Der Andere in der Übertragung, Beiheft 11 des Jahrbuches der Psychoanalyse, Frommann-Holzboog, Stuttgart 1988

Winnicott, Donald W.: Von der Kinderheilkunde zur Psychoanalyse, London 1958, deutsch: München 1976

ders.: Vom Spiel zur Kreativität, London 1965, deutsch: München 1974

In der Reihe Leben lernen *ist ebenfalls erschienen:*

Samir Stephanos
Franziska Lamott

Seelenverletzung und Körperleid

Ein psychosomatisches Lesebuch

1. Auflage 1997
158 Seiten, Broschur
Leben lernen 116
ISBN 3-7904-0651-1

Anhand von neun Lebensgeschichten zeigen die Autoren, wie mit der therapeutischen Suche nach frühen Spuren einer Seelenverletzung das aktuelle körperliche Leid eines Menschen im Rahmen seiner Biographie verstehbar wird. Hier wird deutlich, wie traumatische Erfahrungen das Leben und die Beziehungen formen und wie sie das Krankheitsbild und den Umgang mit der Krankheit prägen. Im Zentrum stehen schwere, manchmal tödlich verlaufende Erkrankungen, die nicht so häufig unter dem Gesichtspunkt der Psychosomatik diskutiert werden.
In der den Fallgeschichten vorangestellten Einführung erhält die Leserin / der Leser einen knappen und komprimierten Überblick über die wichtigsten Schritte in der Entwicklungsgeschichte der modernen analytischen Psychosomatik, ihr Krankheitsverständnis und ihren Behandlungsansatz.

In der Reihe Leben lernen *ist ebenfalls erschienen:*

Monika Gerlinghoff

Magersucht und Bulimie – Innenansichten

Heilungswege aus der Sicht Betroffener
und einer Therapeutin

2. Auflage 1998
212 Seiten, Broschur
Leben lernen 109
ISBN 3-7904-0642-2

Magersucht (Anorexia nervosa) und Bulimie (Bulimia nervosa) zählen in der Psychiatrie zu den psychosomatischen Krankheitsbildern. Das Bemühen um Schlankheit und eine »gute Figur«, das für fast alle Frauen und Mädchen heute »obligatorisch« ist, schlägt für manche um in die Sucht, immer weniger zu essen und sich einem strikten Kalorien-Regime zu unterwerfen.

Betroffene Patientinnen, die ihre Krankheit heute – dank Therapie – überwunden haben, berichten hier über die Anfänge und den Verlauf der Essstörung, die Ursachen und Hintergründe aus ihrer persönlichen Sicht. Sie beschreiben auch die Phase der Therapie und die Überwindung der Krankheit. Eltern von essgestörten jungen Frauen schildern ihre Erfahrungen und Gefühle im Umgang mit der kranken Tochter. Die Autorin und Therapeutin, die viele essgestörte Patientinnen begleitet und maßgeblich zu ihrer Gesundung beigetragen hat, gibt Informationen über die Krankheitsbilder und stellt das im Therapie-Centrum für Essstörungen am Max-Planck-Institut für Psychiatrie in München entwickelte Therapiemodell der »Tagklinik« vor.